Marketing em ambiente digital

PUBLICAÇÕES
FGV Management

MARKETING

Marketing em ambiente digital

André Miceli
Eduardo Maróstica

FGV EDITORA IDE

Direitos desta edição reservados à
FGV EDITORA
Rua Jornalista Orlando Dantas, 37
22231-010 | Rio de Janeiro, RJ | Brasil
Tels.: 0800-021-7777 | 21-3799-4427
Fax: 21-3799-4430
editora@fgv.br | pedidoseditora@fgv.br
www.fgv.br/editora

Impresso no Brasil / *Printed in Brazil*

1ª edição: 2019

Preparação de originais: Sandra Frank
Editoração eletrônica: Abreu's System
Revisão: Adriana Fidalgo | Fatima Caroni
Capa: aspecto:design

Ficha catalográfica elaborada pela Biblioteca Mario Henrique Simonsen/FGV

Miceli, André
Marketing em ambiente digital / André Miceli, Eduardo Maróstica. – Rio de Janeiro : FGV Editora, 2019.
140 p.

Publicações FGV Management.
Área: Marketing.
Inclui bibliografia.
ISBN: 978-85-225-2172-2

1. Marketing na internet. 2. Comércio eletrônico. I. Maróstica, Eduardo. II. FGV Management. III. Fundação Getulio Vargas. IV. Título.

CDD – 658.8

Aos nossos alunos, colegas docentes e aos executivos que nos inspiram para avançarmos no conhecimento.

Sumário

Apresentação

Este livro compõe as Publicações FGV Management, programa de educação continuada da Fundação Getulio Vargas (FGV).

A FGV é uma instituição de direito privado, com mais de meio século de existência, gerando conhecimento por meio da pesquisa, transmitindo informações e formando habilidades por meio da educação, prestando assistência técnica às organizações e contribuindo para um Brasil sustentável e competitivo no cenário internacional.

A estrutura acadêmica da FGV é composta por escolas e institutos, todos com a marca FGV, trabalhando com a mesma filosofia: gerar e disseminar o conhecimento pelo país. Dentro de suas áreas específicas de conhecimento, cada escola é responsável pela criação e elaboração dos cursos oferecidos pelo Instituto de Desenvolvimento Educacional (IDE), criado em 2003 com o objetivo de coordenar e gerenciar uma rede de distribuição única para os produtos e serviços educacionais da FGV.

Este livro representa mais um esforço da FGV em socializar seu aprendizado e suas conquistas. Foi escrito por professores da FGV, profissionais de reconhecida competência acadêmica e prática, o que torna possível atender às demandas do mercado, tendo como suporte sólida fundamentação teórica.

A FGV espera, com mais essa iniciativa, oferecer a estudantes, gestores, técnicos e a todos aqueles que têm internalizado o conceito de educação continuada, tão relevante na era do conhecimento na qual se vive, insumos que, agregados às suas práticas, possam contribuir para sua especialização, atualização e aperfeiçoamento.

Rubens Mario Alberto Wachholz
Diretor geral do Instituto de Desenvolvimento Educacional

Sylvia Constant Vergara
Coordenadora das Publicações FGV Management

Introdução

Não há como negar que passamos por uma transformação digital, uma atualização quase que por minuto. Afinal, os usuários estão cada vez mais exigentes, e o mercado, sempre procurando inovações para atender às necessidades no intuito de apresentar ferramentas que organizem e resolvam todos os problemas trazidos com essa transformação.

Este livro de marketing digital reúne um pouco dessas atualidades com o intuito de ajudar interessados, alunos e executivos a garantir uma atividade de excelência no mercado, tratando desde a definição de objetivos da empresa até as melhores ferramentas e estratégias para tornar esses objetivos uma realidade.

É importante ressaltar que um planejamento de marketing digital demanda cuidado, testes e muitas análises, a fim de entender todo o cenário e as dores da empresa e solucioná-las uma a uma. Essas dores podem interferir na experiência do usuário com sua loja virtual, por exemplo, no posicionamento da sua marca mediante os mecanismos de buscas e no reconhecimento do seu negócio de forma ampla.

Marketing digital, em linhas gerais, é planejamento e estratégia, é conhecer sua marca, entendê-la e buscar sempre uma boa maneira de aprimorá-la para alcançar suas metas. E, para se planejar, as ferramentas são essenciais; afinal, serão elas as responsáveis por trazer resultados. Nos capítulos deste livro, o leitor vai encontrar cada uma das etapas para um planejamento organizado e eficaz, cabendo aos profissionais responsáveis pelo desenho mercadológico digital refletir sobre estratégias e ideias que maximizem os resultados para seu negócio. Nem todos os planos vão funcionar imediatamente; é um trabalho árduo, conquistado diariamente ao longo do planejamento. Além disso, é importante estar atento ao *feedback* dos seus *stakeholders* e à própria organização, para que, caso seja necessária uma mudança, ela esteja dentro do seu planejamento, com tempo hábil para ser colocada em prática e analisada.

1 A internet e os negócios

Neste capítulo, vamos apresentar a importância da internet e do marketing para os negócios. Também inserir as tendências, perspectivas e os importantes indicadores da transformação digital, que tem se tornado tão essencial para todos os tipos de negócios, sejam eles virtuais ou não.

Uma breve história do marketing digital

Inovar, variar, mudar. O que não faltam são sinônimos para descrever uma transformação. E antes de abordamos a transformação digital, é necessário compreender o que realmente ela significa. Transformação é o ato ou efeito de transformar(-se) ou, ainda, qualquer mudança no estado geral de um sistema; é tornar diferente, alterar algo ou alguém. Ou seja, a transformação digital trata dessa inovação e inserção tecnológica nas empresas ao longo dos últimos anos.

As otimizações digitais vão além da tecnologia; envolvem usá-la para "pensar fora da caixa", aperfeiçoar os processos organizacionais, visando aspirar novas formas e métodos para atingir o público-alvo de maneira eficaz, além de reunir todas essas melhorias para gerar receita e atrair novos clientes/usuários para o negócio.

Para Clint Boulton (2018), o processo tecnológico é fundamental na maneira pela qual uma organização entrega valor a seus clientes, além de se tornar uma necessidade, visto que são essas mudanças em prol da tecnologia que vão garantir, de certa forma, a continuidade da empresa. O acesso às informações e o volume delas, a concorrência e tantos outros fatores estão mais disponíveis aos usuários, fazendo com que eles estejam mais exigentes e busquem uma experiência sempre inovadora e prática. Porém é importante ressaltar que a chegada da transformação digital trouxe muitos recursos para as empresas e organizações, mas também alguns problemas, fazendo com que a tecnologia seja indispensável, palpável e uma espécie de solução para eles. Afinal, quando o assunto é tecnologia, as possibilidades são infinitas.

George Westerman (apud Boulton, 2018), principal pesquisador da MIT Sloan Initiative, destaca que a transformação digital representa um repensar radical de como uma empresa usa a tecnologia para mudar profundamente o desempenho do negócio e como as mudanças devem começar com os líderes para, posteriormente, contagiar toda a equipe.

Para entender o progresso tecnológico, podemos dividi-lo em três fases: a digitização, a digitalização e a transformação digital. Cada uma dessas etapas vai ajudar a perceber a fase que hoje vivemos.

A digitização é o processo natural e evolutivo do analógico para o digital. Podemos citar um exemplo cotidiano, como os antigos métodos de transmissão de sinais de TV para o conceito de TV a cabo e, por conseguinte, fibra óptica. Em suma, o formato analógico apresenta diversas anomalias entre os valores; o digital assumirá sempre os valores sequenciais discretos (0, 1, 2, 3, 4, 5, 6, 7, 8, 9, 10), reduzindo a faixa de variação e a oscilação. Porém a digitização vai além: envolve outros itens em que os dados são transformados em *bits* e armazenados em dispositivos eletrônicos.

A partir dessa fase, torna-se mais fácil proteger informações importantes e confidenciais.

Na digitalização, encontramos tecnologias mais avançadas beneficiando as empresas e organizações. Nessa fase, temos a internet das coisas, *blockchain*, *big data*, criptomoedas e outros conceitos que se tornam essenciais para a economia, para os negócios e para todo tipo de mercado digital. A tecnologia estimula a curiosidade e atenção de todos para esses processos que são cada vez mais atuais.

A terceira fase é a transformação digital em si, conforme defende Agnes Rabelo (2017), enfatizando que esta é a fusão completa da digitização com a digitalização que proporciona novas oportunidades de inovação e evolução para todos os tipos de negócios e organizações. Essas mudanças vão além da tecnologia; envolvem estruturas socioeconômicas, culturais e até organizacionais.

Embora muitos acreditem que o marketing seja uma prática nova, o termo é utilizado há mais de 550 anos, desde o início efetivo da comunicação com o surgimento da prensa de Gutenberg, em 1450, quando a massificação da produção de textos alcançou um público maior. Nesse período, os principais veículos sobreviviam por meio dos anúncios e propagandas, dando início à era do marketing no mundo.

Na era da informação, é importante lembrar como é feita e quais são as diversas formas de comunicação. Uma delas – principalmente para obter clientes e espaço – é a comunicação mercadológica. Próxima da comunicação empresarial, tem um propósito voltado para divulgação de produtos, posicionamento de marca etc. O maior diferencial é o foco, que está voltado para vendas. Dessa forma, todas as ações têm o objetivo de aumentar as vendas e, consequentemente, o lucro. Além de aumentar a lucratividade, também agrega valor à imagem da empresa.

Pouco antes da era digital, o marketing se resumia a mídias tradicionais (ou offline), como a televisão, rádio e impressos (revistas, livros e jornais), nos quais alcançar o público-alvo demandava mais tempo e investimento, visto que essas mídias pouco permitiam interação com o público, além de não garantir flexibilidade alguma (Carvalho, 2017). Paralelo ao surgimento da internet, na década de 1960, também nos deparamos com o início do marketing digital, trazendo toda a inovação para os empreendedores, comerciantes e usuários. Esse início se dá com o livro de Philip Kotler, *Administração de marketing: análise, planejamento e controle*, publicado em 1967, considerado uma "bíblia" pelos profissionais da área.

O marketing digital é composto por 4 Ps, que também são chamados de "mix de marketing" e representam os pilares básicos de qualquer estratégia: produto, preço, praça e promoção.

Falando especificamente do P de Promoção, temos de lembrar que a ideia não é a de liquidação ou de desconto, mas sim a função de promover a marca, de forma que chegue ao público ideal. Também é importante diferenciar promoção de marketing. Promoção é mais um ponto a ser trabalhado dentro do marketing.

Quando falamos de promoção, é ideal ter sempre em mente a forma de promover seus ideais ou seu produto; o espaço onde você transforma sua empresa de mera desconhecida em um lugar no qual as pessoas busquem possíveis soluções e desejos. Deixando isso claro, você alcança determinado público-alvo e garante sucesso dentro do seu meio.

Foi a partir disso que começamos a nos deparar com os comércios eletrônicos, leilões online, compras e o marketing direto, em que o vendedor consegue atingir o comprador mais facilmente, com grande possibilidade de divulgação e venda em massa, uma vez que, oferecendo seus produtos, divulgando em blogs, sites e outras páginas, atrai o público, conquistando-o e fidelizando-o. Kotler reiterava Peter Drucker, afirmando que o foco das empresas devia ser a satisfação dos clientes.

Após o *boom* da internet, em 1990, o marketing digital passa a ter maior desenvolvimento, e no bojo da mudança surgem as redes sociais para o comércio eletrônico, estreitando a relação com o usuário e trazendo inovações e otimizações para o marketing. Podemos sugerir e suspeitar que o marketing digital é um conjunto de ações de comunicação, tendo como principal propagadora a internet, os celulares e todos os outros meios digitais utilizados em prol da divulgação e comercialização de produtos e serviços. Essas ações são responsáveis por alcançar o público de forma quase instantânea.

Além disso, hoje podemos contar com estratégias de SEO para atrair o público-alvo e alcançá-lo de forma mais eficaz, além do marketing de conteúdo e marketing de redes sociais, que permitem toda uma transformação digital para implementar seu negócio e torná-lo ainda mais concreto e satisfatório.

Todas essas inovações garantem ao empreendedor um estudo de estratégias não só com foco no usuário, mas também para avaliar a concorrência, ter uma segmentação e garantir que a marca seja devidamente reconhecida no ambiente mercadológico.

Avaliação da maturidade digital das empresas

Atualmente, ao avaliarmos uma empresa, precisamos levar em consideração diversos fatores importantes para torná-la confiante e uma referência, principalmente quando o assunto diz respeito ao comércio eletrônico. Isso acontece porque essa empresa precisa passar confiança ao seu usuário e, ao mesmo tempo, demonstrar, por meio de seus funcionários, ser uma referência na segmentação escolhida. E, para isso, algumas fases são importantes para determinar a maturidade digital.

De acordo com o estudo realizado em 2013 pelo grupo Capgemini Consulting com 400 companhias de todo o mundo, a maturidade digital deve ser avaliada a fim de estabelecer uma presença digital que impulsione os negócios: "O estudo revela uma vantagem significativa e mensurável em termos de desempenho para as organizações que possuem uma abordagem altamente desenvolvida ou madura em relação à transformação digital" (Hughes, 2013).

A maturidade digital envolve todo o processo da transformação digital, visto que essa transformação proporciona as otimizações e traz as possibilidades de inovações, enquanto a maturidade representa o amadurecimento dessas transformações e sua consolidação no negócio. Por exemplo, o gestor de uma empresa precisa estar sempre se atualizando e preparado para as mudanças que as transformações têm trazido, possibilitando que a empresa consolide a marca por meio das novas tendências digitais sem passar por muitas alterações ou crises.

Para se ter consciência da importância da maturidade digital para uma empresa, devem-se observar alguns quesitos, tais como: cultura, inovação, tecnologia, possibilitar um ambiente disruptivo que lhe permita aumentar sua rentabilidade de instrumentalização, adoção e utilização de ferramentas digitais.

Indicadores, tendências e perspectivas

O marketing digital envolve estratégias, indicadores, tendências e perspectivas para que tudo funcione. Sua usabilidade e relevância são inquestionáveis, uma vez que seu objetivo é crescer e facilitar a comunicação nos negócios para que as estratégias façam uma medição das campanhas, apresentando as performances e os resultados para sempre buscar uma melhor desenvoltura em todo o processo.

Tais performances são avaliadas por meio das métricas que podem ser estudadas no marketing digital. A união dessas métricas, contextualizadas e alinhadas com a estratégia da empresa, pode ser chamada de indicadores, ou KPIs, que constituem o conjunto das principais métricas que serão analisadas a fim de tornar a empresa ou campanha bem-sucedida. Os KPIs, sigla para *key performance indicators*, ou indicadores-chave de performance, são métricas fundamentais para uma campanha de marketing em uma empresa.

Quando o assunto é tendência e perspectivas para o marketing digital, podemos destacar que esse processo está em constante mudança, surpreendendo o mercado digital quase diariamente. Por isso, torna-se indispensável ficar atento às novidades, às tendências e aos rumos que o marketing pode seguir daqui para frente, visto que as mudanças acontecem sem aviso prévio. As inovações vão chegando, as pessoas aderindo e as empresas tendo de se encaixar e adequar a todas essas novidades.

Além disso, nota-se que os usuários possuem idolatria pelas redes sociais, entre elas Facebook, Instagram, WhatsApp, YouTube; portanto, torna-se cada vez mais comum encontrarmos incrementos publicitários nas redes sociais. Afinal, o marketing se instala onde o usuário está, apresentando anúncios, por exemplo, que são recorrentes e funcionam na conversão de vendas no Facebook. A pesquisa realizada pela empresa eMarketer, em 2017, mostrou que 26% dos americanos que clicam nos anúncios finalizam uma compra. Ou seja, as publicidades nas redes sociais são eficazes e rentáveis. Porém, mesmo com o destaque para a rede social, o Google é o líder disparado quando o assunto é gerar receita de publicidade.

Ainda na pesquisa, é possível notar que boa parte dos usuários não gosta dos anúncios e tem sido comum, em países em desenvolvimento, o uso de software capaz de bloqueá-los, fazendo com que os anunciantes tenham de pensar em novas estratégias para atingir o público de forma eficiente. O marketing vem apresentando alternativas para as empresas e negócios e, ao mesmo tempo, trazendo recursos, ainda que pagos, para que o usuário tenha a experiência que deseja na navegação.

SoLoMo

Falar em marketing digital é lidar com uma sequência de atualizações sem aviso prévio. Todas as novidades vêm para somar e facilitar a experiência do usuário, seja ele consumidor ou empreendedor. E, para falar em inovação, é importante falar em SoLoMo, o acrônimo de social, local e mobile.

Ainda que não seja um termo novo, o SoLoMo tem ganhado mais destaque ao longo do tempo, trazendo sempre uma nova abordagem para o marketing, fazendo com que o profissional envolvido coloque-se no lugar do cliente e consiga identificar as dores desse usuário, a fim de melhorar a experiência dos internautas com a marca. Colocar-se no lugar é fazer uma análise de todo o trajeto até efetuar uma compra, por exemplo, entender todo o processo até concluí-la, analisá-lo e, se preciso for, fazer perguntas para conseguir detectar as objeções do usuário. A técnica de cinco *whys* pode ajudar nesse procedimento. Os cinco porquês, em português, são um método utilizado para encontrar a raiz do problema ou resultado. Desenvolvida por Taiichi Ohno, ex-vice-presidente executivo da Toyota Motor Corporation, na década de 1950 (Toyota Traditions, 2006), a proposta é que o indivíduo questione até cinco vezes para explorar os problemas em primeira mão até que as causas básicas sejam encontradas.

Após essas análises, será possível entender os erros que impedem o usuário de ter uma boa experiência, além de conseguir pensar em estratégias que corrijam todos os problemas detectados. Nessa fase, o profissional de marketing digital será o responsável por designar as melhores soluções, uma vez que as transformações vêm para resolver os problemas de ambas as partes.

Para entender mais sobre o SoLoMo, podemos explicar cada uma das sílabas e especificar a importância delas:

- *Social*. O ecossistema das mídias sociais é regido por si mesmo, já que é nas plataformas que os usuários são mais encontrados. Atualmente, torna-se ainda mais comum que seus clientes procurem referências das empresas por meio das redes sociais, uma vez que a interação do público com a página é uma das formas de obter um *feedback* da experiência de outros usuários com a empresa. Portanto, o *social* está entre as estratégias de marketing, a fim de alcançar os consumidores com mais efetividade.
- *Local*. O *check-in* se tornou uma das formas de promover, indicar e recomendar lugares. Logo, é cada vez mais comum encontrarmos plataformas que indicam a localização, como o aplicativo Waze, por exemplo, um GPS que funciona de maneira interativa. Nele, é possível traçar sua rota, fazer comentários, avaliar a qualidade do trânsito, indicar obras, *blitz* e outras adversidades comuns no trânsito. Além disso, é importante ressaltar que a internet foi uma revolução para conectar o mundo e, assim, tornar o local uma das estratégias de marketing é pensar em uma maneira de conectar e privilegiar a todos.
- *Mobile*. Nessa sílaba, o marketing atrai a atenção para uma das áreas também mais populares, mas pouco explorada, já que os usuários anseiam trazer tudo o que for possível para a palma da mão. Logo, ao pensar em estratégias para seu negócio, atente para as ações que atendam às versões mobile, como a responsividade, por exemplo; elas facilitarão as experiências dos usuários, visto que esse é um importante estímulo para fidelizar o cliente.

Assim, os melhores exemplos disponíveis para entender como funciona o SoLoMo são os aplicativos Waze e Tinder. Veja, na figura 1, como ele se encaixa na estratégia.

Figura 1
SoLoMo: abreviação de *social, local and mobile*
("social, local e móvel")

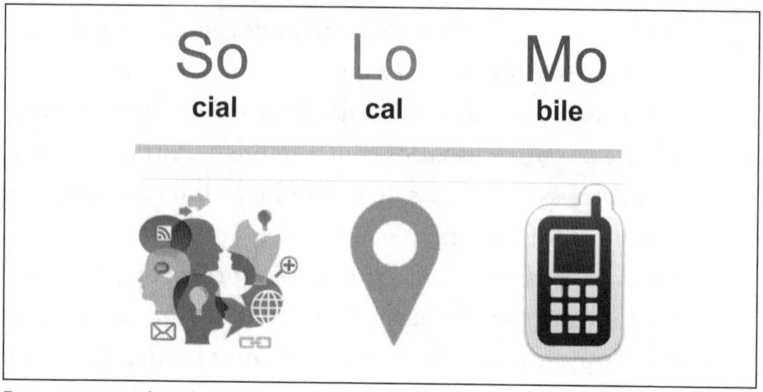

Fonte: AppMobile (2013).

- *Social.* Para se definir como uma rede social, o Waze e o Tinder proporcionam um relacionamento entre os usuários por meio de interações e pontuação.
- *Local.* Oferece um serviço baseado em *check-in*, fazendo com que o usuário consiga encontrar novos lugares e pessoas dentro de sua localidade e conferindo as recomendações de outros usuários que utilizam o aplicativo e já frequentaram determinado lugar, como um restaurante, por exemplo. O usuário faz o *check-in* e pode contar no app como foi sua experiência com o atendimento, comida etc.
- *Mobile.* Os apps são perfeitos para tablets e celulares e foram pensados para isso, visto que, para fazer o *check-in* nos lugares, avaliar seu trajeto ou encontrar pessoas em sua localidade, será necessário estar com o aparelho móvel.

Em linhas gerais, SoLoMo é uma ferramenta para que as empresas entendam o quanto o uso dos smartphones e da mobilidade gera novas formas de as marcas se relacionarem com os consumidores, além de alcançá-los em qualquer lugar, garantindo um conteúdo de qualidade e ofertas notáveis que farão com que o usuário possa interagir com o que está sendo apresentado e até compartilhar em suas redes sociais.

* * *

No próximo capítulo, conheceremos os modelos de negócio aplicáveis à internet, plataformas e ambientes importantes onde utilizá-los, e como gerar receita no comércio eletrônico.

2
Modelos de negócio

Neste capítulo, os modelos e operações se mostrarão importantes para tornar o empreendedorismo eficaz. Será possível encontrar oportunidades de negócio e processos importantes para facilitar não só o empreendedor como também o usuário.

Modelos de negócio e receita na internet

Conforme Van Alstyne, Parker e Choudary (2016), a Apple, em 2007, era um pequeno concorrente perto dos demais *players* de mercado – gigantes como Nokia, Samsung, Motorola, Sony Ericsson e LG –, que detinham 90% de toda a indústria de dispositivos móveis.

Nos oito anos seguintes, com o iPhone, a Apple deixou de ser um mero *player* para se tornar a empresa com 92% da lucratividade do mercado de dispositivos móveis, um crescimento exponencial e singular na história da indústria de tecnologia. Além de todas as características de inovação disruptiva do iPhone, a Apple também inovou com um modelo de negócio, um ambiente de empoderamento que criou um mercado antes inexistente: o de desenvolvimento de aplicativos para os produtos da linha i: iPhones e iPads.

Ainda segundo os autores, a Apple Store, loja virtual e exclusiva de venda de aplicativos produzidos pela comunidade de clientes produtores (ou desenvolvedores), em 2015 já oferecia cerca de 1 milhão de aplicativos, gerando um retorno acumulado para os desenvolvedores (também clientes da plataforma) em torno de US$ 25 bilhões.

É dentro desse cenário disruptivo e inovador, o de plataformas que são facilitadoras para a criação de novos *marketplaces* (um ambiente de negócio que obtém novos consumidores para os próprios clientes da plataforma), que modelos ou estratégias tradicionais de negócio, como *outsourcing*, cauda longa, *omnichannel* e formas de pagamento são revistos.

Isso ocorre porque modelos de negócio como o da Apple rompem com os modelos de negócios e operações tradicionais que possuem característica unidimensional (ou em *pipeline*), em que a cadeia de valor da organização é gerada tradicionalmente por meio de um processo unidimensional, e a organização dedica-se somente aos processos essenciais de entrada, transformação e saída.

Com os novos modelos de negócio oferecidos pelas empresas de tecnologia de informação, como Google, Apple e Amazon, ocorre a mudança para um novo modelo ou um processo multidimensional: o de plataformas ou ecossistemas.

Marketplace e *outsourcing*

É dentro desses novos ambientes de negócio (complexos e não lineares), em que novos *marketplaces* (ambientes desenvolvidos para prover a intermediação de produtos ou serviços via internet, ou seja, uma plataforma mediada por uma empresa, em que vários outros lojistas podem se cadastrar e vender) são criados pelas grandes empresas de tecnologia, que o *outsourcing* tradicional angaria novo valor. Com a difusão dos modelos de negócio de plataformas multidimensionais, criam-se novos ecossistemas a cada nova onda de inovação que, por sua vez, possui um tempo cada vez mais reduzido entre ela e a onda anterior. Veja, na figura 2, o sistema capitalista de Schumpeter.

Figura 2
Ciclos de inovação de Schumpeter

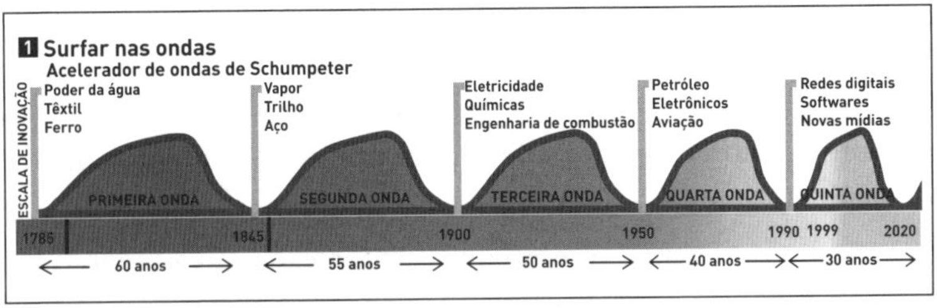

Fonte: "Catch the wave..." (2014; trad. livre).

Conforme mostra a figura 2, o sistema capitalista é renovado por ondas ou ciclos de negócio (Schumpeter, 1939) que aumentam a pressão ambiental e de sobrevivência das organizações de ondas de inovação anteriores, e a tendência é que essas ondas tenham uma redução drástica com o surgimento quase exponencial de novas tecnologias ("Catch the wave...", 2014).

Este é um cenário atual, para o qual as organizações não estão preparadas. É o centro da estratégia das três caixas (Govindarajan, 2016): aumentar o esforço operacional das organizações para que sejam avaliados processos de negócios disruptivos e com regressão linear, em especial como apoio de *startups*.

A estratégia das três caixas (ou *caixa 3*) é um modelo para gerenciar a empresa hoje, no presente, e criar a de amanhã, no futuro, ao mesmo tempo. Então, as divisões são:

- *caixa 1* – gerenciar o presente;
- *caixa 2* – abandonar seletivamente o passado;
- *caixa 3* – criar o futuro.

É um desafio seguir esse caminho; afinal, são três etapas que exigem muita atenção para que tudo ocorra. Porém, quando se adapta ao novo, você abre a chance para novas estratégias e inovações.

Ao lidar com tantas mudanças na era atual, é importante que as empresas estejam abertas para os experimentos. Afinal, dessa forma, há chance de descobrir a fórmula para o sucesso sem ficar na zona de conforto. Isso porque, pela natureza das *startups*, elas tendem a ter uma taxa de sobrevivência baixa em sua fase inicial de negócio, porém as que sobrevivem em geral têm potencial de escala e de se tornar dominantes no segmento de mercado em que atuam ou mesmo que criam. E, para cada nova tecnologia que surge, é certo que uma *startup* será criada para ocupar essa oportunidade aberta.

Govindarajan (2016) afirma que para um ambiente cada vez mais não linear, de mudanças e ameaças constantes, a solução é inovar em *outsourcing* e investir na aquisição, apoio ou parceria com novos modelos de *startups* para nichos nas áreas de atuação do negócio que, visivelmente, podem ser impactadas por um processo disruptivo. Logo, a estratégia das três caixas é, essencialmente, focada em *outsourcing* por meio de *startups*.

Extrapolando, uma empresa de tecnologia, por exemplo, não só deve ter o *mindset* de *startup*, como deve estar atenta às novas organizações que podem ser potenciais parceiras em novos setores, metodologias, processos e tipificações de negócio, o que, em suma, é o que Govindarajan (2016) chama de caixa 3.

Categorias, oportunidades, cauda longa e *omnichannel*

Van Alstyne, Parker e Choudary (2016) reforçam que as oportunidades não devem mais estar focadas em mudanças no controle de recursos, mas, acima de tudo, na orquestração de recursos; é uma mudança sutil, porém importante.

A valoração não está mais na posse dos elementos da plataforma de negócio tradicional em *pipeline*, em que uma organização é dona dos *assets* ou objetos físicos, mas sim na orquestração e gestão desses mesmos objetos. Em uma plataforma multidimensional ou ecossistema, está na rede em si e em como ela é gerida, ou como a organização é facilitadora dentro dessa rede. O valor não é do objeto físico, mas da gestão do mesmo, conceito esse popularmente conhecido como uberização (Pochmann, 2016).

A mudança no *mindset* é outra oportunidade imperativa nas organizações da economia 4.0. Tal mudança passa de uma postura autoritária e internalizada sobre os processos para uma postura sugestiva e persuasiva, em que o ganho do consenso da rede de envolvidos no ecossistema é o objetivo. Isso gera impacto direto na comunicação, na publicidade e na gestão da organização.

Outra mudança sutil é o foco na fidelização de longo prazo do cliente para a valorização do ecossistema. É natural que, em um processo de negócio tradicional baseado em *pipeline*, o resultado final do processo diretamente gerido pela organização seja um produto ou serviço, constantemente reforçado com o cliente final. Em contrapartida, em um modelo de negócio de plataforma tecnológica ou ambiente multidimensional, a preocupação de fidelização é importante, porém não é imperativa. O foco deve ser o próprio ecossistema, facilitar sua autogestão e priorizar estratégias que estabeleçam um perfil de cliente para consolidar novos processos e operações.

Nesse sentido, processos de cauda longa e *omnichannel*, são essenciais na condução estratégica de um ecossistema (ou plataforma).

Cauda longa

O fenômeno da cauda longa é um conceito, segundo Chris Anderson (2006), sobre como o consumo segue uma distribuição estatística em que, por exemplo, alguns produtos mais procurados concentram as vendas, enquanto os muitos outros menos populares se estendem no decorrer do tempo com uma distribuição menor de vendas. Menor, porém, se somadas, todas as vendas dos produtos menos populares no decorrer do tempo são equivalentes às dos produtos populares. Logo, na nova onda ou economia 4.0 das plataformas, as estratégias de cauda longa continuam válidas, pois estão relacionadas a como gerir o estoque, e os produtos e serviços de tecnologia, de natureza não perecível, podem se beneficiar das estratégias de cauda longa.

Chris Anderson, em uma sessão de perguntas e respostas sobre seu livro *Cauda longa* (2006), ressaltou a importância e a "sorte" de vivermos em um momento no qual a esfera econômica do século XXI está apoiada nos servidores de bases de dados do Google, Yahoo, Netflix e Amazon.

> Se você apenas prestar atenção, você pode ver coisas extraordinárias. Surpreendentemente, algumas pessoas estão fazendo isso. [...] mas estamos apenas na ponta do iceberg de uma cultura econômica realmente diferente, uma perspectiva sobre nossa cultura, sobre o mundo ao nosso redor, que podemos notar com essas bases de dados. O início se dá com números [Anderson, 2006].

Para o autor, os dados são o formato dessa era, chamado de "lei de potência", também conhecido como "princípio de Pareto", em referência a Vilfredo Pareto, economista italiano que observara que 20% da população italiana detinham 80% das terras do país –

levando à regra dos 80/20, isto é, a percepção de que um pequeno número de coisas apresenta alto impacto:

> Terremotos são distribuídos de acordo com essa lei: um pequeno número de grandes terremotos e um grande número de pequenos terremotos. Populações e cidades também com essa mesma distribuição, um pequeno número de cidades muito grandes e um grande número de cidades pequenas [Anderson, 2006].

Para exemplificar, Anderson (2006) explica a cauda longa utilizando as indústrias da música e cinema como exemplos: alguns dados do Rhapsody, um serviço online de música por assinatura, que se beneficia de espaço ilimitado nas prateleiras. Na parte vermelha encontram-se os álbuns e músicas disponíveis no Walmart, que é o maior varejista de CDs na América (há cerca de 4,5 mil álbuns em uma loja comum do Walmart). Esses são os *hits* – os álbuns que o Walmart e o Rhapsody possuem. Mais embaixo, na parte amarela, encontram-se os nichos – os álbuns, faixas e outras músicas que o Walmart não possui, mas o Rhapsody sim. O que é possível notar sobre isso? Embora por meio de uma complicada operação matemática de conversão de álbuns em faixas, foi possível calcular o inventário do Walmart, equivalente a cerca de 25 mil faixas. Rhapsody, neste instante, armazena 1,5 milhão de faixas, iTunes reúne cerca de 2 milhões de faixas, as redes *peer-to-peer* deparam-se com cerca de 9 milhões de faixas. Provavelmente há 25 milhões de faixas em outros lugares – disco de vinil, *live*, remix – e todas as outras músicas que estão por aí, que poderiam e serão incorporadas online.

O que pensávamos que era o mercado da música revelou-se uma minúscula fração do real mercado da música. Na realidade, estamos diante de um crescimento no inventário e variedade em ordem de magnitude. Da mesma forma com DVDs, *blockbusters*... Um *blockbuster* comum armazena 3 mil DVDs; a Netflix está com 60 mil neste momento.

Uma típica Barnes & Noble, uma das maiores varejistas de livros dos Estados Unidos, armazena cerca de 100 mil livros; a Amazon registra, atualmente, 3,7 milhões. Há provavelmente outros 6 milhões de livros por aí, e quando incluímos a rede de livrarias, que agora parecem plenamente integradas nesses *marketplaces online*, podemos estar diante de até 10 milhões de livros em diversas línguas. Crescimento extraordinário em variedade.

Por fim, presumíamos que esses vendedores de nicho eram insignificantes, de impacto econômico irrisório, porém, quando os agregamos, esses 1% e 2% passam a constituir mercados significativos. Na música, metade do mercado é formada pelo que não é vendido no Walmart.

Na Netflix, aproximadamente um quarto do mercado é formado por coisas que não estão disponíveis em uma locadora. Na Amazon, também cerca de um quarto dos livros vendidos não se encontram disponíveis em uma Barnes & Noble. Todos esses números estão crescendo. Parece que estamos nos encaminhando para uma era na qual metade do mercado é composta por vendas pelos canais tradicionais de varejo e a outra metade encontra-se disponível somente por meio desses canais ilimitados e abundantes, particularmente o online, mas também outros, como o serviço postal e a Netflix, que se mostrou uma rede poderosa.

Omnichannel

Tradicionalmente, as organizações seguem um processo de negócio baseado em *pipeline* e com transações realizadas em um único canal, conforme mostra a figura 3.

Figura 3
Canal único

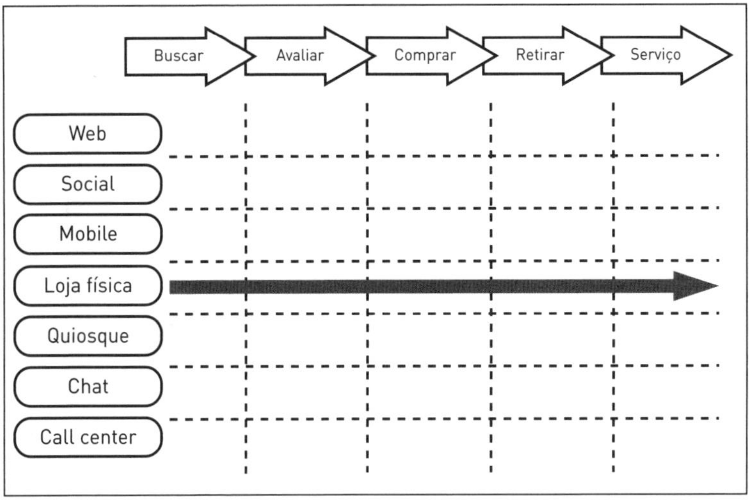

Fonte: Goetsch (2014:23; trad. livre).

Em especial, com a constante evolução da internet e com os celulares e demais dispositivos móveis, os negócios passaram a aderir ao modelo *omnichannel*, conforme mostra a figura 4.

No modelo *omnichannel*, a decisão de compra de um cliente não ocorre, necessariamente, em um canal físico, mas em múltiplos canais, físicos ou virtuais. A figura 4 apresenta um fluxo com o comportamento de consumo do cliente, de acordo com os canais de compra: o cliente (ou potencial cliente), na fase de pesquisa, se direciona à web e às redes sociais. Já o processo de avaliação ocorre na loja física, porém a compra ainda é feita na web. Entretanto, a aquisição e serviços de suporte ao cliente são feitos, respectivamente, na loja física e nos canais de *chat* e *call center*.

Um exemplo atual de *omnichannel* é a loja de moda de Rebecca Minkoff com o eBay, em que ambos criaram, em conjunto, uma loja física que faz interação direta com os recursos online e físicos da loja.

Figura 4
Múltiplos canais

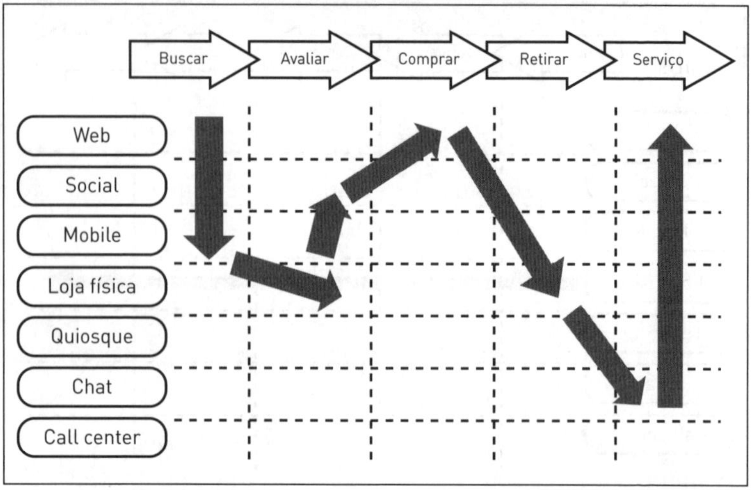

Fonte: Goetsch (2014:23; trad. livre).

O provador da loja Rebecca Minkoff tem uma tela espelhada, a qual, além de possibilitar que o cliente veja como ficou a roupa que acabou de experimentar, permite que escolha, em tempo real, outras peças que estão na loja sem precisar sair do provador ou ficar na dependência do vendedor. A tela/sistema tem a opção de escolha de novas roupas que são direcionadas para o vendedor, que recebe o pedido de forma automática.

Esse sistema permite uma integração direta entre a loja física e a virtual, pois há a possibilidade de armazenar todas as interações entre os desejos do cliente, o vendedor e a loja. Essas informações são valiosas para futuras vendas e promoções que podem ser reforçadas nos canais virtuais ou com processos disruptivos de geolocalização e microlocalização.

O leque de opções oferecidas por lojas como essa reforça o potencial do *omnichannel* como uma forma de venda integrada e assertividade publicitária, um processo de negócio também multidimensional por natureza. É possível sugerir que o cenário disruptivo e complexo dos modelos de negócios *omnichannel*, por ser um ambiente propício ao surgimento de novas plataformas, seja absorvido como serviço de fornecedores e proprietários de plataformas já existentes.

Um segmento de negócio *omnichannel* que mostra essa tendência de transformação em uma nova plataforma é aquele relacionado com tecnologias de anúncio envolvendo processos DMP ou *data management platform* (plataforma para gestão e análise de dados), DSP ou *demand side platform* (funciona no processo de compra de mídia) e MTA ou *mail transfer agent* (programa responsável por transferências de mensagens de correio eletrônico) em que, particularmente, o Google já está investindo em serviços para segmentos de negócio *omnichannel* dentro de sua plataforma proprietária.

Plataformas e meios de pagamento

Seguindo esse conceito de plataformas como ecossistemas, o meio de pagamento também segue a mesma linha estratégica, tornando-se um serviço para que os clientes (produtores) obtenham mais clientes (consumidores) e agreguem mais valor à rede que forma a plataforma. Veja na figura 5.

A figura 5 mostra em detalhe o conceito de plataforma como rede, em que empresas como a Apple ou Google são proprietárias da plataforma e atuam como árbitros, tendo o foco sempre em manter, aumentar e promover a rede. Dentro desse modelo, os fornecedores são peças-chave, pois permitem uma interface dos clientes produtores e dos consumidores das ofertas com a plataforma.

Figura 5

Participantes de um ecossistema de uma plataforma

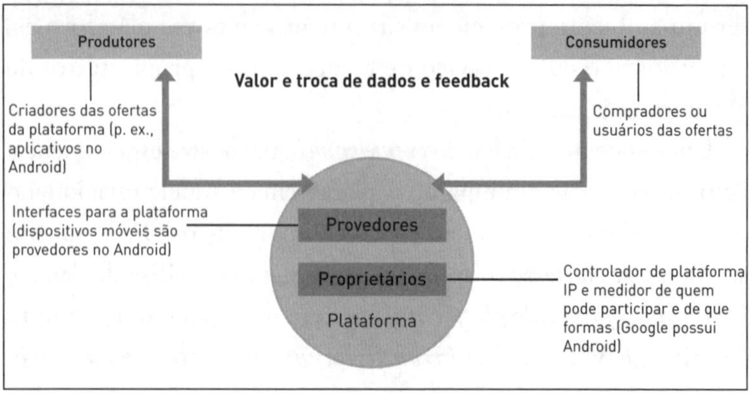

Fonte: adaptado de Van Alstyne, Parker e Choudary (2016).

Podemos visualizar os clientes produtores como os desenvolvedores de aplicativos para a Apple Store, da Apple, e Google Play, da Google. São, no caso, criadores de ofertas que enriquecem o ecossistema da plataforma.

Por essa ótica, os meios de pagamento são serviços prestados pelas plataformas, pelo proprietário ou por fornecedores, como é o caso do Apple Pay, meio de pagamento oferecido pela Apple para compra online, serviço que se estende além das fronteiras da própria plataforma proprietária, mas que se mantém alinhado com o objetivo estratégico que é o enriquecimento do ecossistema para que os consumidores e clientes produtores possam crescer.

Outro meio de pagamento que segue essa linha de serviço oferecido por proprietários de plataformas é o Amazon Payments, que utiliza um dos recursos mais estáveis, conhecidos e robustos de compra online: o *checkout* do site da Amazon.com, sendo esta uma das empresas pioneiras no conceito de plataformas como ecossistemas entre fornecedores, consumidores e no empoderamento de clientes produtores.

Assim, entendemos que, no futuro, lojas virtuais e físicas terão as mesmas facilidades e formas de pagamento, não havendo diferenças visíveis para os consumidores, integrando todas as plataformas.

Entender essa disposição dos canais e como eles conversarão entre si é importante para uma comunicação mais aberta com os clientes: saber onde o consumidor está, como falar com ele e oferecer produtos e serviços que se completam. Estar atento e presente para facilitar e integrar, e, com isso, possibilitar ao e-consumidor múltiplos pontos de contato com uma mesma marca, independentemente do canal escolhido, será o maior desafio para quem pretende competir na era digital nos próximos anos.

* * *

No próximo capítulo, observaremos o papel da tecnologia na operacionalização dos negócios digitais e quais serão os riscos e desafios, tanto de segurança quanto de processos, para alcançar o sucesso nesse ambiente de negócios.

3
Tecnologia, segurança e operacionalização

Para tornar um modelo de negócio possível, é preciso utilizar a tecnologia a seu favor, ter atenção às ferramentas disponíveis para otimizar o processo e fazer uma análise minuciosa do que está sendo oferecido aos usuários. Neste capítulo, veja quais são as tecnologias que farão parte de seu modelo de negócio.

Analytics

O Analytics é a ferramenta utilizada para comunicação e interpretação de dados. Em linhas gerais, ela é capaz de cruzar dados, elaborar funis de conversão e gerar estatísticas para quantificar o desempenho das ações nos *sites*. Criada e desenvolvida pela empresa Google, a plataforma auxilia na avaliação do desempenho do site, além de disponibilizar todos os dados necessários para uma importante tomada de decisão no negócio.

A interpretação dos dados é obtida por meio da leitura de indicadores. Por exemplo: um site com grande tráfego e acessos pode ser monitorado pela ferramenta, que vai informar indicadores-chave, como visitantes únicos que acessaram o site dentro de determinado período, indicadores de origem dos usuários, se os mesmos vieram de outros sites de pesquisas (acessos orgânicos) ou mesmo acesso direto ao site pelos visitantes, incluindo o link direto nos navegadores de internet. Esses indicadores são essenciais para a interpretação e identificação de padrões para a tomada de decisão.

Existe uma pletora de indicadores em seus respectivos segmentos de negócios, que vão desde indicadores para *media social* e *mobile* a indicadores para força de vendas e performance corporativa. Nesse sentido, o Analytics tem grande aplicabilidade e papel central para as mais diversas estratégias de marketing e gestão, pois interpretar padrões em conjuntos ou grandes massas de dados é essencial para a assertividade na tomada de decisão. A importância na tomada de decisão e a diversidade do Analytics podem ser exemplificadas com os cenários a seguir descritos.

- Os gestores de um site verificaram na interpretação dos indicadores da ferramenta Analitycs que, na segunda semana após a última revisão do design e usabilidade do site, houve um crescimento nos indicadores de acesso dos novos visitantes orgânicos e uma baixa na taxa de conversão de novos visitantes em usuários cadastrados. A interpretação desse comportamento foi que houve algum tipo de fenômeno de *word of mouth*, ou boca a boca virtual, o que promoveu o aumento no número de acessos. Porém, o novo design tem problemas de usabilidade, pois não foram perdidos usuários já cadastrados no site, mas o número de novos cadastros diminuiu após a revisão do design. A tomada de decisão imediata foi a de restabelecer o site com o *layout* e a usabilidades anteriores.
- Uma empresa provedora de conteúdo de *stream* de vídeo fez uma promoção para as finais de um campeonato de esporte radical, no caso *mountain bike*, e alertou seu fornecedor de serviço de atendimento telefônico para monitorar os oito dias dessa final de campeonato que seriam realizados no período

da noite. Durante as finais, o fornecedor comprometeu-se a fazer uma monitoração diária dos atendimentos com informação dos indicadores dos principais problemas, e o indicador destacado foi o conflito na tarifação dos clientes que aderiram à promoção. O fornecedor agregou valor ao serviço prestado incluindo uma campanha de satisfação com o atendimento, utilizando o serviço de Analytics Einstein da empresa Sales Force, que permite avaliar engajamento e satisfação por meio de uma campanha de e-mail marketing. Os indicadores dos primeiros dias da campanha de e-mail marketing revelaram insatisfação com o atendimento, em especial com o baixo conhecimento dos atendentes sobre os serviços e valores de tarifas da empresa contratante. Com base nessa informação, o fornecedor mudou os direcionamentos telefônicos para uma célula de atendimento com profissionais experientes.

- Uma empresa de desenvolvimento de software fechou um contrato com uma rede de lojas de brinquedos para que desenvolvesse um aplicativo para celulares Android e Apple, com serviço de microlocalização, que permite aos clientes que estejam próximos de uma das lojas físicas da rede identificar uma promoção em uma prateleira. O aplicativo foi desenvolvido e distribuído com sucesso para os clientes da rede, porém durante as primeiras semanas o Analytics de comércio eletrônico da rede de brinquedos mostrou um crescimento nos indicadores de compra para o Android e queda nos clientes com iPhone. De posse dessa informação, o departamento de TI comunicou à empresa de desenvolvimento que havia identificado um *bug* no aplicativo nativo Apple iOS, que não estava recebendo as notificações de promoções nas prateleiras físicas corretamente.

- Uma gigante de eletroeletrônicos faz sua campanha de publicidade em múltiplos canais (Nichols, 2013) e percebe, por meio de indicadores de audiência e efetividade, que os investimentos em campanha tradicional na TV consomem 86% dos recursos financeiros, enquanto as campanhas no site YouTube consomem 6% do total de recursos, sendo duas vezes mais eficiente em resultado. A decisão tomada foi aumentar os investimentos em publicidade online, o que trouxe um aumento de 9% no total de vendas sem ter de investir mais em publicidade, somente realocando recursos conforme as descobertas realizadas com as informações do Analytics.

Em suma, os recursos do Analytics fornecem indicadores em tempo real e avaliação de cenários preditivos que são essenciais para a gestão e, em especial, para o mix de comunicação do marketing tradicional e digital, por fornecer *insights* ou visões precisas de todas as partes da campanha (Nichols, 2013), principalmente a busca do sinal em detrimento do ruído e da avaliação de impacto de variáveis exógenas, como localização, taxa de crescimento e emprego, clima, festividades, feriados, entre outros.

Ecossistema de soluções do Analytics

O ecossistema Google, do Google Analytics (GA), é um dos mais usados no mundo. O termo ecossistema vem da biologia e há alguns anos está presente no mundo digital. Como é possível?

Podemos definir a partir de uma empresa, no caso Google, que cria um universo de plataformas e conteúdos com informações interligadas que convergem entre si. A intenção é que o usuário possa consumir tudo de que precisa por esse caminho.

O ecossistema Google tem uma rede operacional voltada para computadores, smartphones e vários sistemas que possuem convergências entre redes sociais, e-mail, aplicativos e outros. O mais importante é conseguir juntar os dados em um só lugar.

Para isso, é necessário um login, que geralmente é feito por intermédio do Gmail. O usuário passa a ter acesso a todas as ferramentas analíticas que o Google fornece. Se você cria uma agenda ou um mapa, por exemplo, é possível acessar a informação por meio de outros dispositivos sem precisar usar *pen drives* ou HDs; afinal, tudo fica na nuvem. O objetivo é facilitar a conexão sem que seja necessário fazer uso de mais de uma ferramenta na hora da análise.

No momento em que o usuário interage com o site analisado, o GA coleta os dados dessa interação, como as preferências daquele usuário, o que ele acessa, o que busca, entre outros. Essa coleta só é possível graças a um fragmento de código JavaScript, disponível no navegador que o usuário acessa, denominado Google Analytics Tracking Code, responsável por iniciar a coleta.

Atualmente, essa é a ferramenta mais eficiente para uma análise digital empresarial, pois fornece uma visibilidade grande do tráfego e da eficiência que seu marketing gera. E não podemos esquecer os recursos disponíveis no Google Analytics capazes de tornar o ecossistema mais avançado.

Os recursos parecem ser infinitos dentro do Google Analytics, e justamente por isso ele é considerado uma das principais ferramentas de gerenciamento atual. O GA fornece, por exemplo:

- número total de visitantes, visitante único e visitantes que retornam ao site;
- origens do tráfego – de onde estão vindo os acessos que chegam ao site;
- metas – quais metas traçadas para o site foram atingidas?;

- resultados de *e-commerce* (comércio eletrônico) – se você possui uma loja virtual, como anda o desempenho da mesma?;
- marketing – quais as campanhas de marketing que proporcionam melhor resultado para seu tipo de público?;
- mídias sociais – quais de suas ações em redes sociais trazem maior engajamento para sua página?

Por mais completo que seja, o Analytics não vai lhe mostrar o problema. Você precisa analisar as informações que a ferramenta lhe fornece e, a partir dos gráficos e tabelas gerados, poderá tirar suas conclusões sobre sua empresa. Isso é conhecido como web análise, na versão brasileira.

É o momento em que você vai analisar toda a parte digital de sua empresa com base nos dados que o Analytics lhe fornecer. Então, você faz a leitura de todas as informações referentes a números e comportamentos dos usuários e chega ao resultado final. Dessa forma, mantém todo o seu conteúdo atualizado e consegue chegar a uma conclusão.

Funções do Analytics

As funções essenciais do Analytics são apoio à tomada de decisão com base em indicadores/cenários e remoção de ruídos dos dados analisados.

Os exemplos citados no início deste capítulo possuem uma abordagem considerada tradicional em Analitycs, envolvendo a análise linear de, no máximo, entre uma e 12 variáveis exclusivamente em um único canal, sem avaliar a influência ou peso de um canal ou demais canais na aquisição ou consumo final.

Uma abordagem mais competitiva e atual de Analytics envolve a análise de muitas dezenas de variáveis, se não centenas ou mesmo milhares de variáveis ou indicadores e a influência entre si e dos canais por meio de análise estatística, inclusive variáveis exógenas, como as relacionadas com condições de mercado, o que pode ser definido como um Analitycs 2.0 (Nichols, 2013).

Tradicionalmente, costuma-se avaliar o desempenho de investimento publicitário em um único canal, com um bloco isolado, sem que seja avaliada a influência de outro canal ou mesmo de outros canais em conjunto na efetividade global do investimento. Os novos métodos estatísticos de Analitycs buscam determinar com precisão o peso de cada canal no resultado final, por exemplo, de uma campanha publicitária. Nesse sentido, o Analytics 2.0 se assemelha e se integra aos processos *omnichannel*, conforme mostra a figura 6.

Figura 6

Esquema de integração *omnichannel*

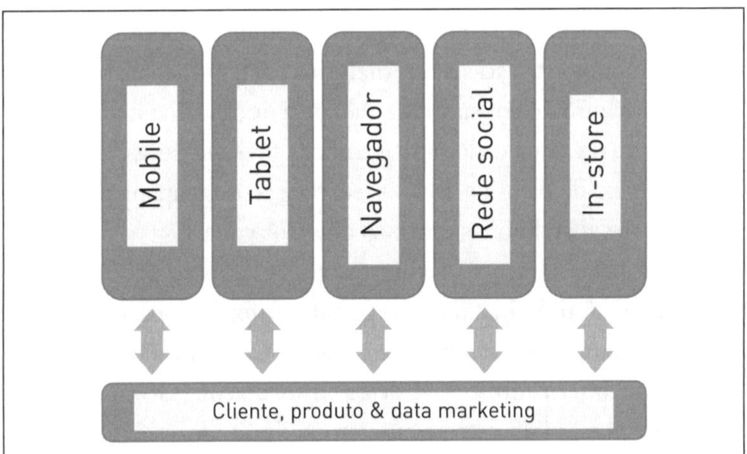

Fonte: Cook (2014; trad. livre).

Numa visão tradicional, o objetivo principal do Analitycs é obter a informação de desempenho de cada canal da figura 6 de forma isolada, o que cria discrepâncias, por exemplo, entre os departamentos de marketing e de finanças – finanças apresenta, no final do ano, um gasto total com a visão global da corporação ou da empresa, diferentemente de marketing, que soma os investimentos por canal sem considerar, na prática, a necessidade de integração com toda a empresa.

Sem dúvida, avaliar o gasto e o investimento necessários para cada canal, e como um influencia o outro, principalmente no aspecto de investimento em publicidade, é um problema de logística com característica complexa.

Para esses cenários, o chamado Analitycs 2.0 se utiliza de recursos estatísticos para avaliar o peso e o impacto de cada canal no resultado final de uma venda, o que é crítico para tomada de decisão em investimentos publicitários. Para isso, a avaliação estatística busca atribuir pesos, por exemplo, para picos de acessos online após uma campanha de TV, mesmo que determinada compra tenha ocorrido em uma loja física. Em termos práticos, utilizam-se técnicas de distribuição estatística de acordo com os conjuntos de indicadores analisados.

Os métodos estatísticos do Analytics 2.0 têm foco na análise do comportamento do consumidor, não pela ótica individual granularizada, a qual é uma ordem de grandeza inviável de ser analisada, mas por meio de picos de acessos, correlação e agrupamentos entre informações distribuídas entre os diversos canais.

Outra preocupação é reduzir o ruído, pois se produz muita informação. A todo instante são geradas informações, muito mais que, por exemplo, as encontradas no acervo de toda a biblioteca do Congresso americano, e 99% dessas informações são ruído, e não sinais que possam ser estruturados como indicadores e informação de valor para o negócio.

Um exemplo claro de ruído nos indicadores de site*s* são os robôs, *spammers* e *sniffers*, que medem acessos como contagem orgânica, porém muitas vezes são acessos indevidos. Uma análise estatística baseada na correlação entre canais diminui sensivelmente esse tipo de ruído por trazer o complexo e o humano como cenário de análise.

Configuração

Pela ótica do estado da arte das implementações de Analitycs em 2018, podemos assumir três pilares para configuração ou implantação: atribuição, otimização e alocação, como mostra a figura 7.

Figura 7
Analytics Engine (Máquina de Analytics)

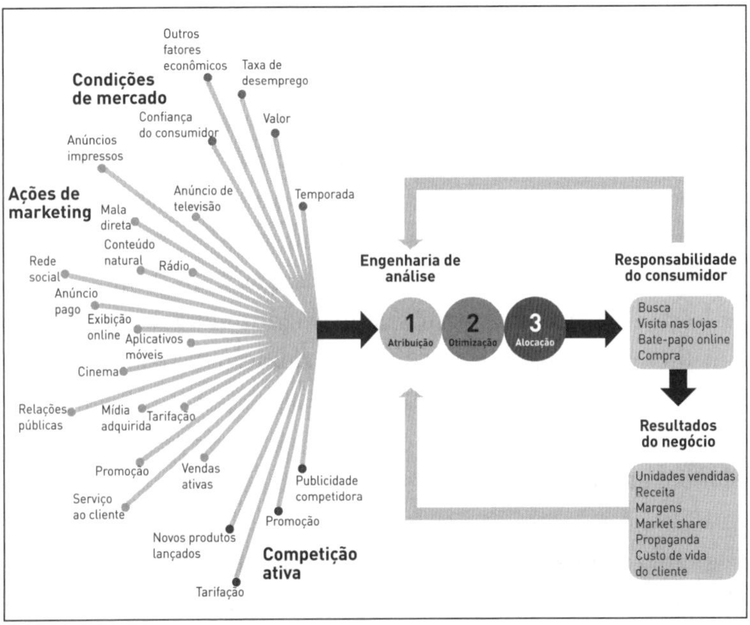

Fonte: Nichols (2013; trad. livre).

A figura 7 mostra um processo cíclico de configuração, acompanhamento, monitoração e melhoria. A fenomenologia cíclica é típica de processos complexos (Morin, 1984), o que se percebe recentemente na estratégia corporativa com a solução das três caixas (Govindarajan, 2016), utilizada para mitigar o risco para o negócio de pressões ambientais não lineares, exigindo avaliação cíclica constante. Também se percebem processos cíclicos na gestão de alto nível de tecnologia de informação, como o ITIL (Cannon et al., 2011), e em processos de desenvolvimento de tecnologia de informação (Cervone, 2011). Isso só evidencia a natureza complexa dos problemas que o Analytics busca resolver com os novos cenários tecnológicos e de negócio.

Logo, conforme mostra a figura 7, o coração (ou *engine*) a ser configurado em um processo de Analitycs envolve retroalimentação constante entre atribuição, otimização e alocação. Com os dados coletados com a atribuição, é possível definir e avaliar os indicadores estatísticos que aferirão os pesos inter-relacionados entre os múltiplos canais que receberam, por exemplo, investimento em publicidade. Um bom exemplo é o comparador de preços, como o Buscapé. Com a otimização, é possível rodar cenários que simulam a interação entre as mais diversas variáveis relacionadas direta ou indiretamente com o negócio e, com a alocação, é possível, em tempo real e com base nas informações de atribuição e alocação, determinar a melhor estratégia de investimento e alocação de recursos.

Monitoramento

Seguindo a linha de configuração do Analytics (em especial para o chamado modelo 2.0), a monitoração é parte inerente ao processo cíclico de melhoria contínua e de tomadas de decisões baseadas entre a coleta de informações ou dados e escolha de algoritmos na etapa de atribuição, a avaliação de cenários da otimização e a alocação dinâmica e em tempo real. Em suma, é um processo configurado com ênfase na melhoria contínua e monitoramento constante para a melhor tomada de decisão e melhor alocação possível de recursos. Veja o gráfico interativo da Gartner representado na figura 8.

A Gartner (2015) apresenta em seu gráfico interativo uma visão equivalente à da figura 8 do Analytics Engine.

Figura 8
Hub de Analytics

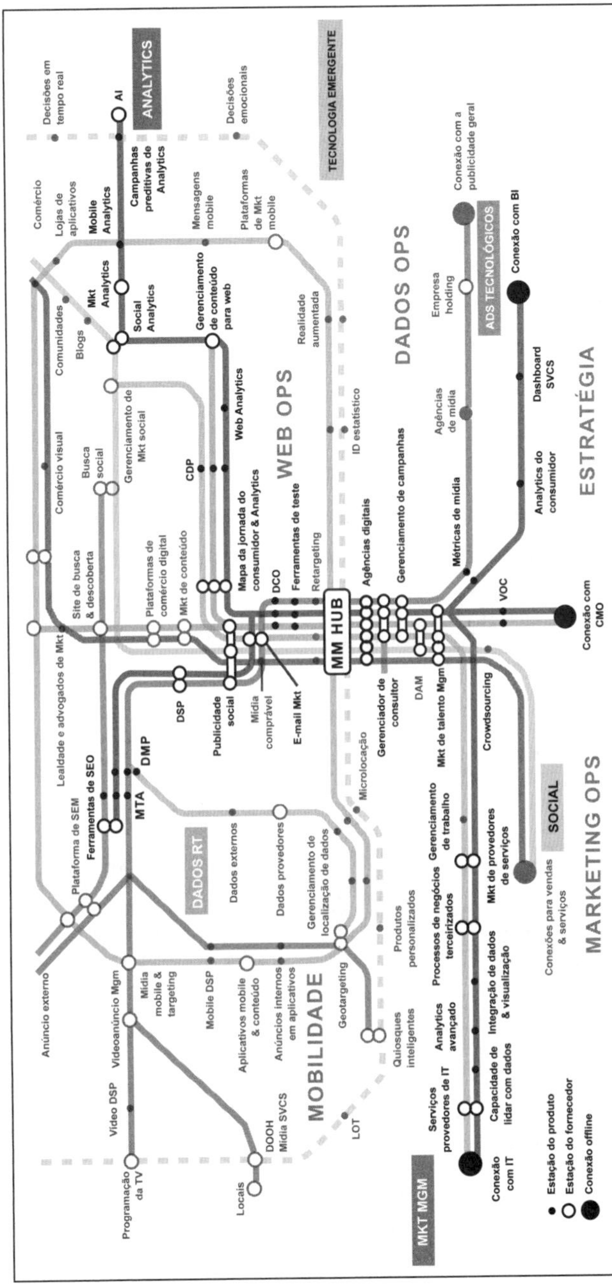

Fonte: Gartner (2015; trad. livre).

No *transit-map* da Gartner para Analytics são apresentadas as ferramentas, que são ligadas em forma de caminhos ou malhas de trem, para facilitar o entendimento da integração de ferramentas e serviços relacionados com o ecossistema Analytics 2.0.

A equivalência entre o *transit-map* Gartner e o Analytics Engine de Nichols fica evidenciada com os tipos de sugestões de caminho que a Gartner faz para o circuito Analytics, em que inclui ferramentas avançadas e preditivas e Analytics para os mais diversos canais (marketing, social, mobile, web, *content*, agências, VoC) com ênfase em técnicas modernas de *multi-attribution* (MTA) e interação com soluções de publicidade em tempo real (DSP/DMP).

Logo, o processo contínuo e cíclico de monitoração, que vai da etapa de coleta inteligente de dados, passando pela análise preditiva até o investimento de recursos ou, conforme Nichols (2013), respectivamente, as etapas cíclicas de atribuição, otimização e alocação, é representado de forma linear na figura 9, de *transit map* da Gartner.

Figura 9

Embedded Analytics (Analytics embutido)

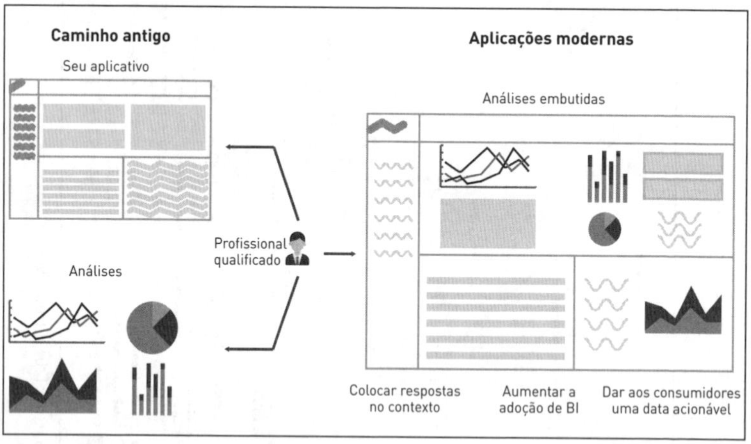

Fonte: <www.youtube.com/watch?v=gR4z3-i50yA> (trad. livre). Acesso em: 20 mar. 2019.

Análise

A análise dentro do modelo definido por Nichols (2013) fica concentrada na otimização, e é nessa etapa que, ao contrário do modelo tradicional de Analytics que prega uma análise baseada em resultados de entrevistas e pesquisas, a otimização oferece vantagem competitiva ao permitir avaliação de dezenas, ou mesmo milhares, de cenários preditivos ou simulações.

Uma vez coletados os dados e atribuídos os respectivos algoritmos de análise estatística e seus pesos para cada um dos diversos canais de uma campanha publicitária, durante a fase de alocação é possível avaliar diversos cenários. Por exemplo: é possível avaliar se a redução ou aumento de investimento em um canal, como o online, pode impactar na rentabilidade no canal móvel e vice-versa. É possível avaliar simulações de impacto de variáveis exógenas, como indicadores econômicos e de crescimento em tempo real.

Essas características são naturalmente famintas por recursos computacionais, pois buscam mitigar em parte muitas análises que estrategistas de marketing e de gestão em geral tomam por intuição. Essas análises ou otimizações que permitem tomadas de decisão e alterações de alocações em tempo real angariam recursos e funcionalidades tecnológicas e computacionais como *big data* e computação de alto desempenho (geralmente na nuvem).

Logo, com o advento de novos métodos analíticos com forte ênfase estatística e da nova geração de tecnologias, em especial a computação em nuvem, *big data* e recursos de inteligência artificial ou *machine learning* (Gartner, 2015), uma tendência no ecossistema de Analytics que se tem percebido é uma transição de soluções descentralizadas para soluções *embedded* ou acopladas.

Conforme mostra a figura 9, tradicionalmente as ferramentas ou soluções de Analytics eram processadas em soluções externas que envolviam processamento posterior à disponibilização dos indicadores básicos.

Com as aplicações modernas, as informações de Analytics são disponibilizadas em tempo real, no mesmo instante em que a informação é renderizada em múltiplas telas, com recursos chamados de Analytics Services providos geralmente por meio de servidores de relatórios dedicados e de alta performance na nuvem e com soluções técnicas baseadas em *big data* (ambientes Hadoop). Esses atributos tornam a análise mais assertiva, pois o tempo não é mais um ofensor para a tomada de decisão.

KPIs

As métricas são os indicadores que refletem o comportamento do usuário em uma página. São as informações mais brutas e não necessariamente se ligam a uma meta específica. O que podemos considerar métricas, por exemplo, são os números de visitantes únicos em um site e as taxas de rejeição.

Já falando de KPIs (ou *indicadores-chave de desempenho*), eles são uma ferramenta que complementa as métricas; afinal, os KPIs extraem dados das métricas para obter o desempenho de objetivos específicos. São relacionadas às metas e na sua tradução numérica tentam interpretar matematicamente os resultados da página. Podemos considerar exemplos de KPIs as taxas de conversão de vendas e as assinaturas em *newsletters*.

As métricas refletem o comportamento do visitante na página, e os KPIs, por outro lado, medem resultados efetivos. A principal diferença é que as métricas são informações simples, enquanto KPIs indicam o desempenho do negócio como um todo.

Quando o assunto é mensurar dados e alcançar objetivos, os KPIs são elementos essenciais, uma vez que são indicadores-chave de performance importantes para traçar metas dentro do seu site ou comércio eletrônico. São utilizados como uma estratégia que engloba desde a estrutura física e organizacional de uma empresa até as bases do comportamento humano (Miceli e Salvador, 2017:211):

> Ao tratar de ações de marketing digital, é preciso passar pelo estudo de tendências de mercado, pelo acompanhamento das ferramentas de software atuais (lançamentos, alterações de rotina e mudanças súbitas), pela noção dos últimos acontecimentos atrelados à economia mundial e mais uma série de fatores. Tudo isso pode servir de base para que as suas ações possam ser adequadamente avaliadas.

Para os autores, as métricas constituem um importante termômetro da efetividade, ou seja, quanto mais específicos e apurados forem os elementos de formação das métricas, mais clareza e exatidão você terá à disposição para medir os resultados dos investimentos e a prestação de contas. Porém, as metas a serem atingidas podem não ser tão assertivas em um primeiro momento da mensuração, de modo que é importante manter as iniciativas alinhadas e ficar sempre atento ao que os concorrentes estão apresentando aos seus usuários, visto que as métricas precisam estar adequadas à realidade do mercado. Nesse ponto, entram os KPIs; afinal, são os responsáveis por medir se uma ação ou um conjunto das iniciativas propostas atendem aos objetivos da empresa de forma efetiva. Vale ressaltar que os objetivos precisam ser realistas, pois não adianta propor objetivos impossíveis de concretizar, pelo menos no primeiro momento.

Contudo, há diversos indicadores que podem ser medidos. O que vai prevalecer nesse momento é saber quais são os indicadores que você deseja mensurar e em qual categoria eles se encaixam. Miceli e Salvador (2017) dividem os KPIs, em oito categorias. São elas:

atendimento ao cliente, finanças, recursos humanos, tecnologia da informação, marketing, venda, conteúdo e mídias sociais.

Cada uma dessas categorias traça planos estratégicos ou táticos dentro do planejamento de marketing digital, fazendo com que você alcance seus objetivos de maneira mais efetiva, baseado em dados e com decisões inteligentes (Miceli e Salvador, 2017). O planejamento estratégico é representado na figura 10.

Figura 10

Plano estratégico ou tático

Estratégico

- Aumentar a notoriedade da marca (*brand awareness*)
- Melhorar a percepção favorável de uma marca, um produto ou um serviço
- Aumentar a conquista dos clientes
- Manter a fidelidade do cliente
- Coletar pesquisas informais (não científicas)
- Desenvolver novos insights sobre o mercado-alvo
- Criar/desenvolver boca a boca e oportunidades virais
- Criar *buzz* sobre a experiência de marca
- Aumentar o alcance da marca
- Aumentar o ROI de marketing
- Aumentar as menções à marca
- Dirigir-se a registros qualificados (*newsletter*, boletim de notícias, concursos etc.)
- Suportar o lançamento de um novo produto
- Direcionar tráfego para o site
- Aumentar as vendas

Tático

Fonte: Miceli e Salvador (2017).

Vale destacar que não existem KPIs errados; todos eles podem apresentar vantagens e desvantagens para uma empresa. Se um especialista apresentar uma lista de indicadores, e outro, uma lista completamente divergente, nenhum deles estará necessariamente errado. São apenas olhares e julgamentos diferentes para determinada situação proposta. É, pois, importante que seu objetivo esteja sempre alinhado para que os KPIs possam apresentar os resultados desejados.

Esses números analisados são imprescindíveis por montar uma estratégia e, posteriormente, atingir o objetivo destacado inicialmente. Para uma análise de dados, podemos utilizar alguns KPIs bem tradicionais, como a taxa de conversão, por exemplo, que é um percentual de visitantes de um site que realmente executam uma ação que se deseja extrair. Um bom exemplo para a taxa de conversão são os *downloads* de um material disponível no site. A meta da empresa é que o usuário faça esses *downloads* para, assim, calcular a taxa de conversão. Essa métrica poderá ser calculada por meio da divisão do total de *downloads* pelo total de visitas.

Outro KPI muito utilizado é o *return on investiment* (ROI). Ele é indicado para direcionar as ações que geram retorno financeiro. Esse retorno é dimensionado por meio de uma ação executada ou por um canal utilizado. Tudo pode depender do objetivo descrito inicialmente. O ROI é calculado deduzindo o total do investimento do total de receitas; depois, é só dividir o resultado pelo total de investimento.

O custo por *lead* também é um KPI importante para o negócio. Nesse caso, será necessário mapear usuários que poderão se tornar clientes em potencial para a empresa. Assim, quando eles assinarem uma *newsletter*, por exemplo, será possível fazer a conversão e atrair esses usuários para mais perto. Esse KPI é o responsável por demonstrar quanto foi gasto para obter cada um desses clientes (*leads*). A análise dos KPIs é importante para gerar novos *leads*, investirmos em SEO, marketing de conteúdo, além de outras otimizações em mídias sociais.

Portanto, os KPIs são ferramentas importantes para analisarmos de forma geral os dados do site e garantirmos uma otimização de qualidade das campanhas previstas para a empresa. Logo, torna-se fundamental avaliar o objetivo e montar estratégias para localizar as falhas e corrigi-las.

Como escolher um KPI?

Como mencionado por Miceli e Salvador (2017), os KPIs são baseados em objetivos para seu negócio, ou seja, sua estratégia pode variar de acordo com o objetivo que você deseja alcançar. Porém, algumas características podem ajudá-lo a escolher o indicador ideal para seu negócio. O ideal é que você escolha um indicador que tenha real importância para sua empresa. Por exemplo, caso você tenha um *e-commerce*, o KPI mais indicado é aquele que mostrará que suas vendas estão crescendo, não é mesmo?

Outro ponto importante é avaliar a relevância do indicador, uma vez que ele deve apresentar números pertinentes para seu objetivo, e não apenas números como um indicador de vaidade, aquele utilizado para agradar profissionais de marketing. O principal objetivo dos KPIs deve ser mostrar resultados que facilitarão para a empresa ou o comércio eletrônico tornar-se uma referência de benefícios não só para o usuário como também para os concorrentes.

Os indicadores devem ser escolhidos e recolhidos periodicamente. Essa periodicidade de coleta dos dados é o que facilita o entendimento das estratégias que funcionam ou não, além de mostrar se o ROI desejado tem sido alcançado.

Assim, os KPIs são fundamentais para as empresas, uma vez que apresentam dados concretos; não são baseados em suposições. Eles oferecem um diagnóstico que dá oportunidade para sua empresa ou comércio eletrônico se posicionar melhor no mercado e sempre proporcionar melhores experiências para os usuários, bem como um melhor resultado para o empresário. Além disso, escolher os KPIs certos para seu negócio demanda tempo e, por conseguinte, *know-how*, visto que no desenvolvimento dos planejamentos de marketing as metas e objetivos vão se tornando mais claros e, portanto, escolher o indicador mais adequado se torna mais simples.

É importante destacar que a análise e o entendimento correto dos KPIs e das métricas coletadas ao longo do planejamento são um passo valoroso para as mudanças e tomadas de decisões no seu negócio. Afinal, a partir desse entendimento é que surgirão as peças (também chamadas campanhas) e propostas a serem realizadas na empresa. Logo, essas conclusões precisam ser minuciosas, uma vez que podem comprometer o desenvolvimento do seu negócio, seja para o sucesso e destaque no mercado ou para o lado oposto.

Planejamento e estratégias

Nota-se que o *e-commerce* tem crescido, embora muitas empresas não abranjam o mercado, achando que não é possível obter vantagem competitiva, até que um concorrente do ramo entre no mercado virtual e tenha sucesso.

A Gol é um grande exemplo. Ela abriu portas, utilizando a venda de passagens online. Hoje, as empresas aéreas vendem passagens pela internet, mas quem começou a inovação foi a empresa Gol. Além de ganhar mercado, a Gol também diminuiu gastos operacionais que eram efetuados com venda de passagens e emissão de tíquetes. Hoje, a reserva de poltronas pode ser feita via internet, e para embarcar você só precisa do documento de identidade ou um QR code. Além de diminuir custos para a empresa, facilita para o consumidor, que tem mais praticidade e faz tudo em casa, sem perda de tempo, e só precisa ir ao aeroporto para viajar. Também vale ressaltar que as pessoas têm usado cada vez mais os celulares para acessar a internet, pagar contas e efetuar compras.

Kotler e Armstrong (2007), em seu conceito de marketing de experiência, afirmam que no século XXI os atacadistas e varejistas vão ter de se adaptar à concorrência do comércio eletrônico. Tudo está disponível na internet, e com pouco esforço o cliente pode acessar imagens, ler especificações, pesquisar os menores preços, as melhores formas de parcelamento, tudo online. Pesquisa-se, faz-se o pagamento via internet e, em um prazo mínimo, o produto está em casa.

Ainda segundo Kotler e Armstrong (2007), a compra empresa-empresa (B2B) aumentou ainda mais do que a compra por consumidor individual, do tipo empresa-consumidor (B2C).

Os compradores preferem estar à frente de um computador/celular a efetuar transações pessoalmente, em um escritório. A internet tem aproximado as pessoas, viagens de negócios têm sido abolidas, pessoas estão cada vez mais entendendo conceitos de *e-learning*. Como exemplos, a escola virtual de idiomas Livemocha.com, ou os Massive Open Online Courses (MOOCs), curso online aberto e massivo, ofertado pelas melhores universidades do mundo de maneira gratuita.

A chave para o sucesso no varejo eletrônico é otimizar e equacionar alguns fatores, por exemplo: formação de preço e proposta de valor; efetividade e velocidade no atendimento; aparência (UX e FLAT) e uma ótima jornada do consumidor; otimização de site e incentivos à compra como *chatbots*; atenção individual e especial atenção ao cadastro (CRM) pessoal; segurança (blindagem de site) e confiabilidade e transparência nas informações; políticas e termos bem definidos e mapa do site.

Vantagens e desvantagens do comércio eletrônico

Algumas vantagens do comércio eletrônico estão associadas à infraestrutura disponível na internet que, hoje em dia, é uma das maneiras mais simples e eficazes para este tipo de comércio. Segundo Henrique Vieira (2015), do portal E-commerce Brasil, devido ao crescimento desse tipo de negócio é comum que muitas pessoas acreditem que é simples manter um *e-commerce*, uma vez que não é necessária uma loja física, tornando o negócio mais dinâmico e interessante, mas a realidade é um pouco diferente: "Existem muitos desafios! Criar uma loja online não garante que clientes vão aparecer do nada. Inclusive, a concorrência é bastante acirrada, considerando a quantidade de sites criados a cada dia", explica. Veja algumas dessas vantagens:

1) Nível de acesso global e aumento do potencial de vendas. Pela internet se torna mais simples expandir sua base de clientes e diversificar o mix de produtos, pois a internet pode ser acessada de maneira remota de qualquer lugar do mundo.
2) Otimização entre parceiros (empresa e fornecedores), sobretudo naquilo que se refere aos grandes volumes (B2B), oportunizando relacionamentos próximos pela facilidade no canal de comunicação.
3) Rapidez nos testes e obtenção de respostas em tempo real de maneira eficaz e sem custos.
4) Redução de custos, pois, pela desintermediação de canal, as empresas podem reduzir drasticamente seus custos de produção e, por conseguinte, melhorar a dinâmica dos seus preços.
5) Como o modelo funciona na modalidade 24 horas, durante os sete dias da semana, o tempo para comercialização é otimizado, e decorre menos tempo na relação de consumo, possibilitando rápida transferência entre os *stakeholders*.
6) Possibilidade de uma empresa pequena se destacar na rede.
7) Mais alto nível de desenvolvimento, pois a internet possibilita ter acesso a novas tecnologias e modelos em classe mundial.

Além disso, para Siqueira, Santos e Alonso Junior (2014:8), a principal vantagem no *e-commerce* é apresentar e disponibilizar para venda os produtos e serviços para todo o mundo. Destacam os autores: "Levando uma enorme vantagem e uma estrutura enxuta, pois, com poucos funcionários é possível se fazer todo o atendimento, começando pelo pedido até o faturamento e entrega do produto ou serviço".

Obviamente, toda modalidade de negócios tem prós e contras, e com a internet não seria diferente. Entre as desvantagens, podemos considerar:

1) *Conflito de canal.* Uma condição fundamental é que se crie uma regra de precificação, pois é muito comum ocorrer uma sobreposição, gerando ruído e desgaste entre as partes envolvidas.
2) *Competição.* Com o aumento da visibilidade, os concorrentes passam a acompanhar as metodologias e estratégias da empresa, ficando muito fácil monitorar e, por vezes, copiar a estratégia de uma empresa ou modelo de negócio.
3) *Direitos autorais.* Dificuldade em manter e coibir a imitação de uma inovação, pois em qualquer parte do mundo as empresas podem rapidamente copiar uma ideia ou metodologia uma vez publicada a informação na internet.
4) *Aspectos legais.* Falta de uma regulamentação global.
5) *Lealdade.* Como o consumidor tem múltiplas opções, torna-se quase impossível fidelizar os clientes.
6) *Preço.* Por regra, a formação de preço tem de ser muito bem planejada, pois um fator crítico de sucesso para vencer na rede é ter preço competitivo.

Escopo do *e-commerce*

O sucesso no *e-commerce* invariavelmente depende de um somatório de acontecimentos. Alguns aspectos, como tecnologia, segurança, meios de pagamento, exclusividade e um negócio de nicho, tendem a fazer com que uma empresa tenha notoriedade e sucesso na rede.

Quando nos referirmos apenas aos aspectos tecnológicos, alguns devem ser considerados. Vejamos: como observamos, todos os itens destacados compreendem um cabedal tecnológico que jamais poderá ser negligenciado, pois a ausência desses elementos pode comprometer substancialmente o sucesso, ou mesmo a sobrevivência, de uma empresa digital.

As tecnologias de comércio eletrônico incluem:

ERP	Meio de pagamento
CRM	Controle de acesso e segurança
DBM	Perfilamento e personalização
Servidores	Gerenciamento de busca
Processamento e armazenamento	Gerenciamento de conteúdo
Plataformas	Administração de projeto
Mobilidade	Pagamento
Desenvolvimento	Gerenciamento do fluxo de trabalho
Cloud computer	Notificação
Segurança	Colaboração e comércio
IOT	

Controle de acesso e segurança. Os processos de e-*commerce* devem estabelecer reciprocidade por meio da validação dos dados dos usuários, garantindo e salvaguardando as características de segurança.

Perfilando e personalizando. Os processos de criação de perfis (personas) recolhem dados sobre um indivíduo, seu comportamento, e, logo, a opção *opt-in*, pautada no marco civil da internet, deve regular todo e qualquer acesso às pessoas.

Gerenciamento de busca. Disponibilizar o produto ou serviço com o mínimo esforço e de modo que facilite a jornada do internauta torna-se fundamental.

Gerenciamento de conteúdo e catálogo. O conteúdo do catálogo é um dos maiores desafios para sucesso no ambiente digital, porque ele auxilia na busca e sua ausência compromete toda uma estratégia.

Administração do fluxo de trabalho (workflow). Os procedimentos operacionais padrão são a garantia de que tudo aquilo que foi prometido será entregue. Logo, é vital estabelecer começo, meio e fim de todas as atividades envolvidas em cada uma das etapas para salvaguardar que o projeto seja entregue.

Colaboração e comércio. A cocriação e a possibilidade de *crowdsourcing* permitem que projetos possam atingir *status* de padrão global, pois é possível adquirir *know-how* de qualquer parte do planeta, com baixo custo.

Pagamentos eletrônicos e segurança. Quando falamos em meios de pagamento, cada vez mais torna-se necessário mapear as criptomoedas, *blockchains*, TEF e todos e quaisquer processos que venham otimizar o fluxo de pagamento e transferências de fundos. Por se tratar de comércio eletrônico, temos de destacar que, para validarmos uma operação de comércio eletrônico, ela tem de se dar em tempo real, da seleção de produto, cadastro de cliente e monitoramento das informações até o fechamento via EDI (*eletronic data interchange*).

E-business

Para entender o conceito de *e-business*, precisamos diferenciá-lo de *e-commerce* e de *e-service*. *E-commerce* é a realização de vendas pela internet, tanto B2B quanto B2C. Já o *e-service* é a prestação de serviços pela internet, como sites de buscas e bancos online. Assim, o *e-business* é a integração dessas diversas atividades organizacionais utilizando sistemas de informação, não precisando necessariamente haver uma transação comercial, mas envolvendo todo o processo de negociação online. Portanto, *e-commerce* e *e-service* são áreas dentro do *e-business*.

Por fim, inserir o *e-business* em uma empresa traz benefícios de forma geral, uma vez que torna possíveis a integração e a troca de informações nos mais diversos setores da empresa, de forma rápida e eficaz.

* * *

No próximo capítulo, vamos sintetizar a importância do marketing para o negócio e as ferramentas essenciais para executar um trabalho de excelência. Abordaremos como o conteúdo é capaz de atrair os usuários e as metodologias para fazer uma análise de dados do que está sendo consumido.

4 Marketing na internet, novas plataformas e ferramentas de apoio à decisão

Neste capítulo, as ferramentas serão o foco para a conversão dos usuários e para entendermos a importância de disponibilizar conteúdo de excelência para os clientes. Além disso, as metodologias apresentadas serão essenciais para as tomadas de decisão e o sucesso do negócio.

SEO ou *search engine optimization* (otimização dos mecanismos de busca)

É comum, no mundo digital, ouvirmos falar de SEO para otimizar conteúdo e atrair mais usuários e *leads*. Mas, afinal, o que é o SEO e qual é sua importância para o negócio?

SEO ou *search engine optimization* (otimização de mecanismos de busca) é um conjunto de metodologias e táticas para otimização para conteúdo de sites, blogs e páginas da internet. Essas técnicas se tornaram populares no mundo digital e importantes para melhorar o tráfego dos sites, aumentando o ranking orgânico e, consequentemente, também o número de usuários, fazendo com que as empresas ganhem mais visibilidade e lucro.

Para Martha Gabriel (2012), dois fatores principais afetam o posicionamento do site durante a busca orgânica na internet: a relevância e as palavras-chave, sendo ambas indispensáveis para qualquer tipo de objeto digital.

Porém, o SEO não atua somente na otimização de palavras-chave de conteúdo relevante e de links, mas também em outros elementos que compõem a arquitetura do site, como elementos *on* e *off-page*, otimização para mídias sociais, com as melhores técnicas de usabilidade, que é um fator imprescindível para aumento de resultados dos mecanismos de busca. O SEO é o destaque do SEM (*search engine marketing*, em português marketing nos mecanismos de busca), representando um ganho no médio e no longo prazos para o aumento de tráfego no site.

Podemos destacar dois tipos de SEO: otimização *on-page* e otimização *off-page*. São técnicas e métodos que podem ser aplicados nas páginas do site para maximizar sua performance nos mecanismos de busca, focando nas palavras-chave relacionadas com o conteúdo das páginas (*on-page content*), afetando diretamente seu website listado nos resultados de buscas naturais (orgânicas). No caso da *off-page*, a ferramenta consiste no *ranqueamento* de todos os fatores que não estão localizados no website, mas nos mecanismos que estão sob o controle da empresa ou agência que cuida do site.

De maneira mais simplista e levando a tradução ao pé da letra, os fatores *on-page* se caracterizam por técnicas que alteram ou melhoram aspectos internos no site. Já os *off-page* são aspectos externos, como os links, por exemplo. Alguns elementos podem ser utilizados na otimização *on* e *off-page*. São eles:

a) otimização *on-page*:
   - *title tags*;
   - meta *tags*;
   - ALT *tags*;
   - *header* (H1, H2,...) *tags*;
   - estrutura de URL (domínio);

- links internos;
- palavras-chave relevantes próximas ao seu *inbound link*;
- conteúdo;
- densidade de palavras-chave;
- mapa do site;
- usabilidade;

b) otimização *off-page*:
- quais websites se conectam à empresa;
- quantos websites se conectam à empresa;
- o *pagerank* dos websites que se conectam à empresa;
- o título das páginas dos websites que se conectam à empresa;
- o texto-âncora usado no link que se conecta à empresa;
- o número e o tipo de links se conectando no website que se conecta à empresa;
- o número de links externos no website que se conecta à empresa;
- o número total de links do website que se conecta à empresa;
- se os sites que se conectam à empresa são considerados pelo Google sites de autoridade no conteúdo a que se destinam.

Além de todo o processo de otimização de conteúdo (links, palavras-chave), esses elementos se tornam importantes para conectar a empresa aos seus usuários/consumidores e, assim, se firmar como uma referência no assunto por outros websites, sendo ainda melhor ranqueada nas pesquisas.

Além do SEO, as páginas de resultados também são importantes para garantir o alcance dos objetivos. São os mecanismos de busca que nos garantem uma página de resultados dentro de nossas expectativas. Afinal, fazer pesquisas na internet já se tornou um hábito, seja por desejo de compra, curiosidade ou uma comparação de preços, não é mesmo? Assim, esses mecanismos são ferramentas impulsionadoras para o comércio e negócios via internet.

De acordo com o portal Torres (2009), os mecanismos de busca ou motores de busca (em inglês, *search engine*) são muito importantes para o comércio virtual. Afinal, são eles os responsáveis por, de certa forma, organizar todo o conteúdo disponível de acordo com o termo pesquisado, apresentando-o de maneira eficiente e ordenada.

Esses buscadores se tornaram ferramentas que permitem que o usuário solicite um conteúdo segundo determinado critério, uma ou mais palavras-chave, e respondem com uma lista de referências que atendem à pesquisa e podem se tornar relevantes para ele. Geralmente, o conteúdo disponibilizado é uma lista de site*s* e blogs que foram rastreados e possuem relevância na pesquisa solicitada.

A geração de mecanismos de busca (como o Google) utiliza tecnologias diversas, como Google Adwords e georreferenciamento para engajamento e busca na web.

Já as páginas de resultados dos mecanismos de busca se iniciam da seguinte forma: a busca começa por meio de um software *robot* chamado Spider (também conhecido como Crawler ou rastejador). O Spider captura a palavra-chave ou frase pesquisada no *browser* e inicia o processo de varredura na lista dos servidores mais usados e das páginas muito procuradas. São aquelas que possuem conteúdos mais relevantes para os usuários que realizam buscas na internet. O Spider começará por um site popular, indexando as palavras em suas páginas e seguindo cada link encontrado no site. De forma rápida e eficiente, ele coleta todos os links e constrói um índice baseado em seus critérios próprios de importância em relação ao conteúdo procurado. Após isso, cria uma lista de palavras e anota onde as mesmas foram encontradas (site, página), codifica os dados de forma a economizar espaço de armazenamento e, por fim, armazena os dados para acesso dos usuários. O conteúdo de cada página é analisado para determinar como será indexado (palavras-chave são comumente extraídas de títulos, cabeçalhos, imagens ou *tags*).

Um dos mecanismos que priorizam o resultado das buscas é a quantidade de links que direcionam a uma determinada página que contém uma palavra-chave buscada. Isso mostra o quão popular é a palavra-chave e quão relevantes são os conteúdos relativos a essa página nos links encontrados na listagem de resultados. Quanto mais popular, maior será a ordem mostrada no resultado de busca. E o tempo será responsável por tornar a página popular.

Como dito, os consumidores procuram no mundo virtual por diversos produtos e também por diversos motivos – para estudos acadêmicos, por curiosidade ou para comparar itens. Essa busca pode ser feita de diversas formas, pois o consumidor pode saber exatamente o que está procurando, criando uma palavra-chave de busca específica no mecanismo, ou o usuário pode não ter ideia do que buscar e por onde começar. Nesse processo ele cria uma palavra-chave genérica, relativa a um assunto ou a uma categoria, e vai refinando a busca dentro dos resultados obtidos.

Porém, quando o consumidor sabe exatamente o que está procurando, ele normalmente usa uma palavra-chave de cauda longa na busca, ou seja, uma palavra que o redireciona para sites e páginas segmentadas da pesquisa.

A teoria da cauda longa foi popularizada por Chris Anderson (2006), e seu efeito principal é direcionar ou distribuir a preferência do consumidor para o mercado de nichos. Assim, o usuário é encaminhado mais facilmente para sua pesquisa por meio do termo de busca.

Objetivos do SEO

As técnicas de SEO podem ser eficazes para trazer novos usuários para seu site e, com mais visitas, as chances de conversão (*lead* ou compra) também aumentam. Logo, com a realização de um ótimo trabalho de SEO, é possível aumentar o número de visualizações de página, as vendas, assinantes de *feeds* e também o número de *leads*.

Porém é necessário ratificar que um trabalho de SEO não apresenta resultados de imediato. Essas ferramentas trabalham em médio e longo prazos, aumentando a quantidade de visitas por meio do entendimento, confiança e até autoridade do seu site determinada pelos mecanismos de busca. Quando o SEO é feito de forma efetiva e eficaz, uma organização passa a aparecer por credibilidade; no entanto, isso pode levar meses de trabalho.

O grande segredo do SEO é fazer com que o usuário ache seu site com facilidade e consiga ter uma boa experiência nesse tráfego. Para isso, você utiliza o conceito de palavras-chave, de concorrência e tem uma lista de tópicos relevantes que não poderão ficar de fora do seu negócio. Além disso, um conteúdo otimizado e relevante, de fácil leitura, pode fidelizar o usuário nessa busca e render novas visitas e até indicações.

Para obter a otimização dos mecanismos de buscas e atrair visitantes de maneira mais eficaz, é importante pensar nas necessidades dos usuários em primeiro lugar, visto que o conteúdo, e não as otimizações de sistema, é o que vai atraí-los. Montar uma estratégia e permanecer atento à concorrência podem ser passos importantes para começar todo esse processo. Vejamos:

1) *Defina seu conceito; ele será o segredo para suas palavras-chave.* Mais do que fazer uma análise das palavras-chave, é necessário ter definido seu conceito e trabalhar em cima dele.

Quando você se aprofunda em um tema e apresenta um conteúdo relevante, as palavras-chave aparecem naturalmente ranqueadas. Ao disponibilizar um conteúdo útil e eficaz, que atenda às necessidades de seu usuário, o estudo de palavras-chave é um complemento para sua produção. Você poderá enriquecer com imagens, links, vídeos, infográficos e, assim, aumentar a possibilidade de conquistar usuários e conseguir um dos grandes incrementos no ambiente digital: gerar pessoas que compartilham seus conteúdos e, por conseguinte, atrair mais visitantes para o site.

2) *Defina seu segmento.* Um conteúdo segmentado também vai atrair um público segmentado, fazendo de sua empresa ou negócio um especialista naquela área. Com uma produção de conteúdo de qualidade, aprovado por seus usuários e consumidores, o Google reconhecerá sua estratégia de SEO e considerará a página uma autoridade no conteúdo destinado. Assim, como dito, as palavras-chave passarão a ser ranqueadas naturalmente.
3) *Seja específico.* As buscas estão cada vez mais direcionadas e, para atingir seu público, também será necessário ser específico em seu texto, já que o Google tem dado respostas mais precisas e relevantes nos resultados. Então, foque em suas palavras-chave porque os usuários digitam termos específicos de busca, e até frases inteiras de cauda longa, por exemplo, como contratar uma empresa de SEO barata. Em vez de uma estratégia de palavra-chave muito ampla, adicionar modificadores como localização, data/hora, preço, qualidade, sexo ou marca. Isso é chamado de palavra-chave de cauda longa, que possui menos competição no leilão de compra para PPC (*pay-per-click*) e que os usuários estão mais propensos a digitar em buscas reais.

4) *O Google também pode ajudar.* A ferramenta Google Adwords Keyword Planner (em português planejador de palavras-chave) possui sugestões de palavras-chave que tenham um bom volume de busca e um agrupamento por temas. Essa ferramenta vai ajudar a encontrar as palavras mais relevantes para seu site a partir das buscas orgânicas dos usuários. Lembre-se de que é importante utilizar as palavras de maior relevância em títulos, cabeçalhos e URLs.
5) *Tenha estratégias para escolher as palavras-chave.* Caso você prefira a maneira tradicional de elaboração de estratégia de palavras-chave, além do Google Adwords Keyword Planner, diversas ferramentas podem ajudá-lo a criar palavras-chave para seu site, de modo a otimizar sua performance nas buscas orgânicas. São elas: o SEMRush, WordPot, Keyword Eye, Keyword Spy, KGen, Ubbersuggest, Wordstream, entre outras. As versões *trial* dessas ferramentas podem ajudar a escolher qual vai atender melhor às necessidades.
6) *Landing pages podem ajudar na conversão.* Uma *landing page* bem desenvolvida, com poucos elementos e links, ajuda a diminuir a distração do usuário e garante uma melhor conversão. Ainda que não seja a principal e a única maneira de desenhar formas de atração de seu público-alvo, uma *landing page* de qualidade tende a atrair mais usuários e também garantir um bom ranqueamento nas páginas do Google.

Em síntese, o *search engine optimization* é mais do que gerar um bom conteúdo para seu usuário e alcançá-lo de forma eficaz; é, também, uma boa maneira de explorar seu negócio e extrair experiências que vão além de uma otimização do seu website. As ferramentas de SEO incluem criatividade, planejamento estratégico, pesquisa e dedicação ao negócio.

E, para apresentar um produto de qualidade, que atraia usuários para o negócio, é necessário entender sobre os mecanismos de buscas e utilizá-los em prol do seu website, com uma união de palavras-chave e um conteúdo otimizado, de preferência com determinada segmentação. Também é importante lembrar que as técnicas de SEO devem sempre estar voltadas para a melhoria e a otimização da experiência do usuário em sua página ou site. Afinal, será ele o responsável pelo seu posicionamento, pela divulgação e referenciamento no segmento escolhido.

Também vale a pena considerar o uso das ferramentas de SEO, já que todos esses mecanismos de buscas são essenciais para otimizar seu site, mas o que vai determinar se sua página estará entre as primeiras posições é a qualidade do conteúdo, visto que os usuários aumentarão o tráfego futuramente e só retornarão caso gostem do que lhes é apresentado.

Além disso, esses mecanismos de busca estão em processo contínuo de atualização, tornando necessário que o profissional sempre procure inovações para que seu negócio esteja em destaque no mercado e com um bom posicionamento no Google.

Newsletter

A utilização do e-mail como ferramenta de marketing impacta diretamente quem recebe a mensagem. Com o objetivo de atrair o público para o site, há um estímulo para que aconteçam *downloads* para captação de *leads*, apresentação de novidades e distribuição de conteúdo.

Newsletter, de maneira informativa e com frequência, é uma ferramenta que tem o objetivo principal de nutrir a relação com o público, manter os leitores engajados, por dentro da marca e envolvidos com a empresa. Apesar de remeter a e-mail marketing, são coisas diferentes.

A *newsletter* em sua versão impressa é um periódico ou boletim, com notícias sobre as atividades de um negócio ou instituição, enviado pelo correio para o público específico de organizações ou entidades.

Em sua versão eletrônica, também conhecida como *e-newsletter*, o objetivo é o mesmo da versão impressa, ou seja, manter a comunicação periódica com o público específico, porém, utilizando o e-mail como meio de comunicação. Como o e-mail é uma forma barata de propagar informação sem restrições por parte de quem a envia, a *newsletter* em seu formato eletrônico está sujeita ao risco de ser considerada *spam*, ou mensagem eletrônica recebida sem a concessão do usuário, sendo esse um cenário de risco para o formato de marketing ou relacionamento com o cliente.

Uma vez sinalizado pelos destinatários eletrônicos de *newsletter* que os e-mails recebidos com as notícias eletrônicas são *spams*, os grandes fornecedores de serviço de e-mail, após uma série de denúncias dos destinatários, classificam por meio de seus algoritmos que os e-mails de *newsletter* são lixo eletrônico e não os direcionam mais para a caixa principal dos destinatários, ou pior, bloqueiam o recebimento dos e-mails suspeitos.

Dada essa característica, a *newsletter* é peça fundamental no marketing. A mensagem promocional no marketing tem o formato de *broadcast* ou irradiada (como a luz do sol para todos). Tal se dá pela caraterística do próprio meio, no caso, a TV, o rádio e os jornais e revistas, que espalham a mensagem com baixa segmentação de público. Assim, tem-se a eficiência marcada principalmente pela grande abrangência e alcance da mensagem, cujo receptor no processo de marketing é um agente passivo.

O marketing de permissão, como o nome diz, é uma modalidade de marketing que requer consentimento do cliente para acontecer, ou seja, a empresa só passa a se comunicar com o consumidor após receber o material específico para isso. Esse comportamento é desejável e estimulado para qualquer negócio, e é bastante incentivado e provocado.

Em tradução livre, *inbound* marketing é definido como marketing de atração. Seu objetivo é atrair o potencial cliente para seu blog ou site e, após esse contato, fazer um trabalho para relacionar sua empresa aos objetivos que o cliente espera e deseja.

A principal diferença entre o marketing e o *inbound* marketing é que, no *inbound*, quem procura a empresa é o cliente, e não o contrário.

Dentro do marketing digital, o *inbound* marketing é o oposto do marketing no que se refere ao formato de comunicação, pois não é invasivo, e sim consensual; o receptor é um agente ativo, que busca a informação e a mensagem. É o receptor que, atraído por um conteúdo específico ou interessado nele, navega pelo site da organização e solicita uma *newsletter* semanal de seu interesse, ou clica no e-mail da *newsletter* e o aceita como uma publicação de recebimento recorrente em sua caixa de correio; é o mesmo receptor que pode também recusar o recebimento ou sinalizar a mensagem recebida como um *spam*, mesmo que não seja.

De novo, essa característica é proporcionada pelo meio, no caso a internet, que permite rastreabilidade sobre a mensagem enviada, desde sua origem até o destino. É importante citar que as diferenças entre o marketing digital e o tradicional não tornam um melhor ou mais efetivo que outro, e sim apresentam leques de opções no arsenal publicitário das organizações, oferecendo novas estratégias de curto ou de longo prazo na promoção da marca. O marketing, utilizando como meios publicitários TV, revistas e jornais, continua sendo um meio de grande abrangência, conforme mostra a figura 11, reproduzida de um artigo de 2017 da revista *The Economist*.

Figura 11
Gastos em anúncios em US$ bilhões nos Estados Unidos

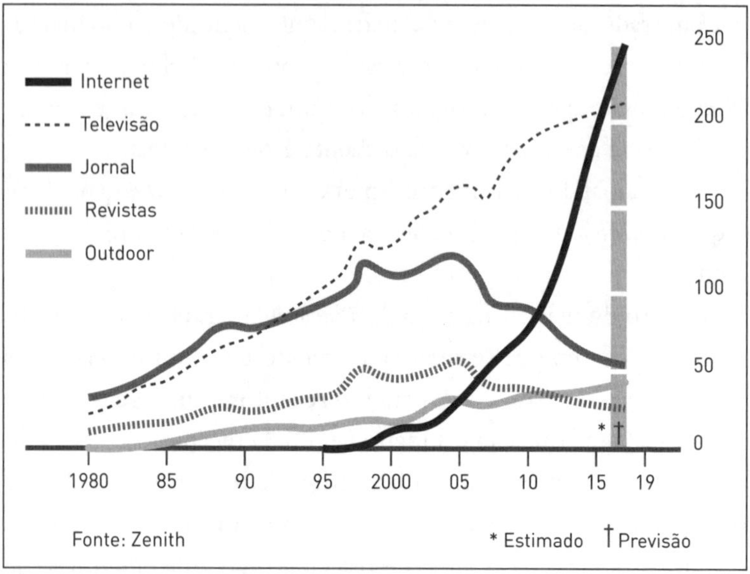

Fonte: "YouTube highlights..." (2017; trad. livre).

Nesse cenário, um caminho estratégico se delineia, no qual o conceito de marketing começa gradativamente a perder seu espaço; o incremento do marketing digital passa a protagonizar um papel relevante para que o mercado possa reconhecer uma marca, sua reputação, suas causas e propostas, tornando-se claramente uma ferramenta de promoção de curto prazo, de aproximação inicial e de início de relacionamento. Em contrapartida, o marketing digital, especificamente com o *inbound marketing* utilizando técnicas de DMC (*digital marketing communication*) e tendo o e-mail marketing como pilar em termos estratégicos, seria uma segunda onda trabalhada após uma campanha publicitária tradicional.

O *inbound marketing* tem como foco o longo prazo e busca sedimentar o relacionamento dos novos clientes obtidos pelo marketing, incrementando para o cliente (ou usuário) a fidelização, a lealdade e o conhecimento sobre a marca por meio de relações direcionadas, personalizadas, constantes e com foco central em gerar emoções positivas.

Nesse sentido, a *newsletter* eletrônica é uma ferramenta fundamental do e-mail marketing, pois a manutenção do aceite da recorrência de recebimento das notícias referentes às atividades do negócio e a leitura dessas notícias por parte do cliente ou usuário formam um indicador fundamental de medição e controle do aumento de lealdade, fidelização e aproximação.

Em termos práticos, para uma *newsletter* ser eficiente deve-se manter uma rastreabilidade não intrusiva dos receptores da mensagem e um conteúdo de qualidade, persuasivo e interessante o suficiente para manter o cliente constantemente interessado no crescimento e nas atividades, produtos e serviços da organização, o que impõe desafios técnicos, de design e de geração de conteúdo.

Em termos de eficiência, a figura 12 mostra que as *newsletters* ainda são um dos mecanismos mais utilizados entre os anos de 2015 e 2016. Elas são distribuídas como mídias sociais, aplicativos móveis e infográficos.

Figura 12
Eficiência das táticas B2C

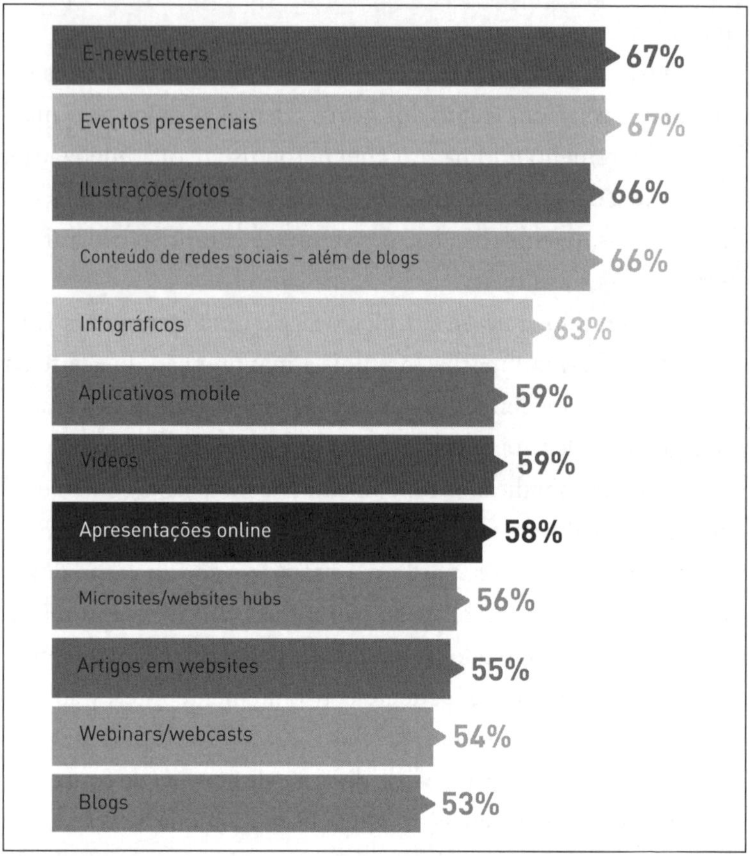

Fonte: Teicher (2015; trad. livre).

Abordagem, audiência e atividades da *newsletter*

Segundo Rosa e Maróstica (2013), no decorrer das últimas duas décadas tem se percebido uma mudança nas ações mercadológicas. As ações mais tradicionais passam a ser modelos pautados em inteligência de mercado para um marketing direcionado à intangibilidade, em especial a agregar valor em serviços (Las Casas, 2007), também conhecido como marketing de serviços.

A abordagem perante a audiência deve ter foco em interações de aproximação e fidelização e deve ser não intrusiva, persuasiva, constante, interessante, informativa, autossuficiente e voltada para que o receptor converta em um ou mais links da mensagem.

No aspecto técnico, não existe diferença entre um e-mail e uma *newsletter* eletrônica. A única diferença é processual, de periodicidade e de tipo de conteúdo. Logo, de forma simplista, uma *e-newsletter* pode ser interpretada como um e-mail, o que permite que os atributos da figura 12 se apliquem às *newsletters*, com atenção especial, porém, para os atributos tempo para organizar, impacto persuasivo e identificação pela localização, uma vez que organizar uma *newsletter* demanda tempo e seu poder persuasivo pode ser alto, e atualmente é possível, com tecnologias de geolocalização, identificar a origem do receptor da mensagem.

Em linhas gerais, e à exceção desses três atributos, o gráfico apresentado reforça que a abordagem via *newsletter* possui a melhor taxa de relação custo/benefício, ao se levar em consideração o custo da operação *versus* a taxa de resposta da audiência.

Já a audiência de uma *newsletter* é, por sua natureza, específica e segmentada, e a organização deve focar em uma *newsletter* com conteúdo tendo um discurso de histórias e de aproximação, e não um discurso de vendas. Com esse tipo de endereçamento constante, as mensagens enviadas por esse meio permitem um alto grau de personalização e fidelização. Com o apoio de ferramentas de CRM, o *customer relationship management*, ou gestão de relacionamento com o cliente – metodologia baseada em listas que possibilitam às empresas gerenciar e entender cada qual dos seus clientes, aumentando assim a personalização e segmentação da audiência – é possível, por exemplo, criar grupos de notícias específicos para *tiers* ou camadas de clientes classificados conforme seu perfil de consumo e grau de interação.

A cada envio de *newsletter*, e a cada clique feito pela audiência em um link de notícia, a ferramenta de CRM pode registrar indicadores, como conteúdo mais lido, links menos clicados, clientes mais engajados, número de *pageviews*, localização, sexo, idade, perfil, navegação e compras realizadas, permitindo um mapeamento preciso do grau de fidelização, de rejeição, dos cancelamentos e retenções. Esse mapeamento é valioso para apoio à tomada de decisão gerencial e executiva dentro das organizações modernas.

A cocriação dos clientes é feita pelo valor percebido, que surge de atividades relacionadas a marcas interativas, conjuntas, colaborativas ou personalizadas. O mérito da cocriação de clientes também pode diferir entre integrações e compartilhamento de conhecimento.

Cada vez mais, com o apoio das tecnologias emergentes, os consumidores, os clientes e a audiência em geral das campanhas de marketing são cocriadores dos processos de negócio das organizações, e a *newsletter* é um canal de interação essencial nesse processo, principalmente se entre as atividades de elaboração das notícias são incluídas estratégias de incentivo e promoção direcionadas à audiência via *newsletter*.

O aumento da efetividade de uma campanha de e-mail marketing tem correlação direta com a qualidade do conteúdo; logo, possui uma correlação quase direta entre imagens e links, e, quanto maior a quantidade de imagens e links, maior a percepção da audiência sobre qualidade e, consequentemente, maior a eficiência na taxa de resposta e de interação.

Outro fator decisivo é a inclusão de incentivos, o que também contribui para um aumento na taxa de resposta e interação da audiência. Logo, atributos como incentivo, tamanho em imagens, links e conteúdo de qualidade são os fatores essenciais para a efetividade de uma campanha.

As atividades de elaboração de uma *newsletter* (ou e-mail) devem promover essencialmente a atenção da audiência por meio de um conteúdo rico e com atrativos, para que o público-alvo, conforme mostra a figura 12, abra o e-mail, sinta-se atraído pelo conteúdo e clique nos links.

Alcançar esse nível de maturidade exige a definição de um processo de construção de *newsletter* que trabalhe com melhorias contínuas e com a constante monitoração dos KPIs de performance das campanhas e promoções.

Em linhas gerais, sob o aspecto do mix de comunicações do marketing digital, a proposta de uma *newsletter* é abordar a audiência com foco na retenção, fidelização, aproximação, e não com foco no crescimento do *market share*; afinal, pensando nesse aspecto, temos de lembrar que é voltado para a participação da empresa no mercado em que ela está inserida. Esse foco específico da *newsletter* é de responsabilidade de outras ferramentas DMS do mix de comunicação do marketing digital (*paid search*, e-mail) ou mesmo de campanhas publicitárias do marketing. Sob o aspecto da fidelização e consolidação de relacionamento, a *newsletter* possui uma relação custo/benefício alta por ter um custo relativo baixo e uma alta taxa de resposta e interação com a audiência.

Propaganda em *digital displays* e *paid search*

Paid search ou SEM (acrônimo para *search engine marketing*) pode ser definido como anúncios veiculados via internet e apresentados aos consumidores pelos mais diversos *displays*, desde telas de dispositivos móveis a telas de computadores e TVs digitais, e que englobam links patrocinados e SEO.

Trata-se de *banners* nas laterais, no topo ou no rodapé dos sites. Existem diversos formatos e tipos diferentes para adaptação, possibilitando que o cliente escolha qual o tipo ideal para utilizar na publicidade oferecida pela empresa para melhor impactar o público-alvo.

Nos últimos anos, a empresa que mais tem se destacado nesse mercado é a corporação de tecnologia americana Google Inc., que, conforme mostra a figura 13, teve, em 2017, uma receita de US$ 95 bilhões em *paid searchs*, algo em torno de 85% da receita total da empresa.

Figura 13

Receita do Google entre 2001 e 2017 em *paid searchs*

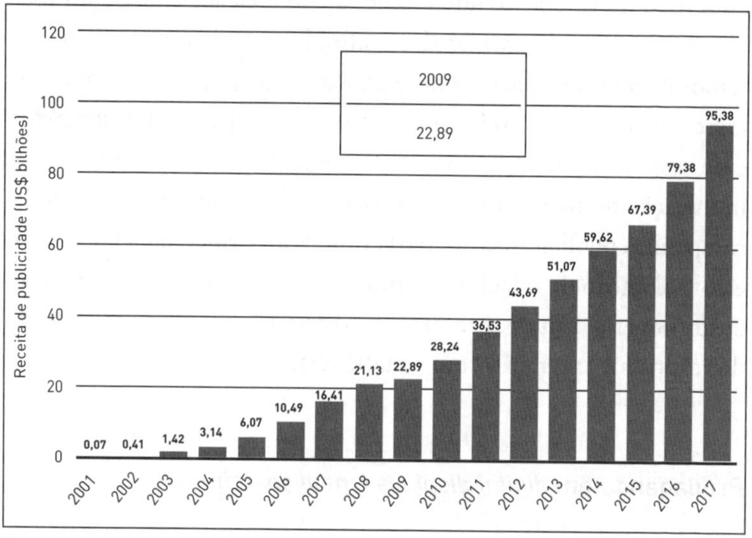

Fonte: <www.statista.com/statistics/266249/advertising-revenue-of-google/> (trad. livre). Acesso em: 7 set. 2018.

Os autores Dai e Luca (2016) identificaram que, comparando o resultado de pequenos restaurantes que anunciaram na Yelp.com (site de *reviews* de restaurantes que permite a inclusão de comentários com críticas e recomendações) aos restaurantes que não fizeram aquisição do pacote de anúncios da Yelp, o número de vendas dos restaurantes que anunciaram foi maior.

Esse impacto positivo foi evidenciado tanto no aumento do número de visitas aos sites dos restaurantes que fizeram a aquisição do pacote de anúncio na Yelp.com, como também no número de compras ou aquisições.

Em contrapartida, Blake, Nosko e Tadelis (2015) identificaram que os *paid searchs* são ineficientes ou possuem eficiência limitada se comparados com os resultados provindos de pesquisas orgânicas de grandes corporações com a marca já difundida, a exemplo do eBay.

Blake, Nosko e Tadelis (2015) também identificaram que não existe correlação entre o cálculo de ROI de *paid search*, informado pelo site do Google, com o ROI real do eBay, que é expressivamente menor, pois, segundo os pesquisadores, o cálculo do ROI apresentado pelo site do Google desconsidera situações em que a aquisição ou compra tenha sido realizada por um clique orgânico ou vindo de outro *paid search* diferente do Google Adwords.

Os três pesquisadores levantaram, no estudo, hipóteses para o problema relacionado com o motivo pelo qual grandes corporações de marca reconhecida nos Estados Unidos, que representam em torno de 15% a 20% do total da receita em *paid searchs*, continuam, no caso de empresas com marcas de renome, a investir em tal negócio, um modelo de baixa eficiência, se comparado aos cliques orgânicos que essas organizações gigantes recebem nos sites de busca.

A ineficiência destacada pela pesquisa pode ser evidenciada pela figura 14 capturada no Google.com em 10 de junho de 2018, após a realização de uma consulta pela placa de vídeo de nome eBay GeForce 1050. Veja.

A figura 14 mostra que a primeira pesquisa no Google retorna um *paid search* do eBay e, em seguida, na primeira página, todos os links restantes retornados são orgânicos e apontam para o eBay.com.

Figura 14
Evidência de baixa eficiência do *paid search* no Google para o eBay

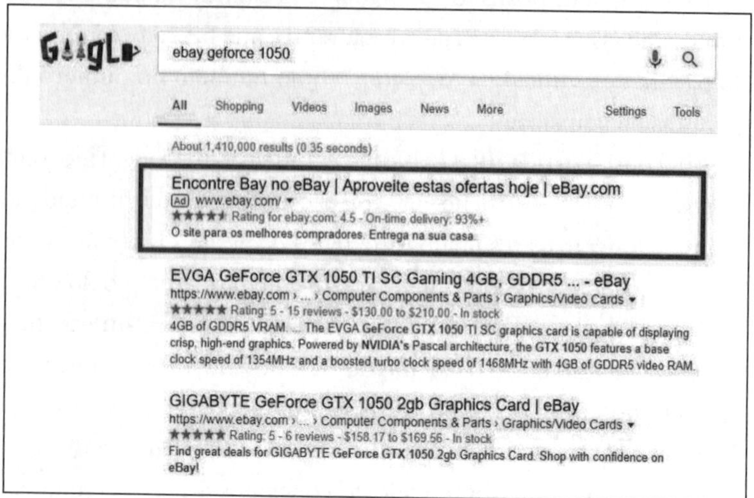

Fonte: Blake, Nosko e Tadelis (2015).

Entre as hipóteses sugeridas, talvez seja a de uma corrida para manter as principais palavras-chave longe da aquisição da concorrência ou mesmo para adquirir palavras que necessitam de um investimento maior da concorrência.

Independentemente das hipóteses relacionadas com marcas já conhecidas, ambas as pesquisas concordam que para marcas desconhecidas existe uma relação positiva entre os cliques vindos dos *paid searchs* e aquisições nos respectivos sites; porém, a correlação incremental, no caso o aumento da venda mesmo após o término da campanha de *paid search*, não é corroborada por Blake, Nosko e Tadelis (2015).

Como a correlação entre o clique vindo de *paid search* para marcas desconhecidas parece indicar uma relação a princípio corroborada, justifica-se então o crescimento em publicidade na internet, a ponto de a mesma ter superado em 2017 o volume de investimento em campanhas publicitárias em TV nos Estados Unidos ("YouTube highlights...", 2017).

Outro ponto de atenção em relação a esse crescimento é que a tecnologia de *paid search* tem despontado como um possível padrão para unificar a publicidade nas múltiplas telas digitais, tecnologia essa conhecida como *ad tech*, conforme mostra a figura 15. Veja.

Uma das grandes vantagens da *ad tech* é permitir, de forma transparente, a rastreabilidade do comportamento e hábitos do consumidor, não só nas telas de computadores, mas em, praticamente, todas as telas digitais, de celulares a TVs.

A figura 15 apresentada mostra como a *ad tech* é peça-chave no que se refere à propaganda no meio digital. As novas tecnologias de publicidade (*ad techs*), também chamadas de publicidade programável (*programmatic advertising*), possuem um trio central, no caso o DSP, o DMP e o MTA, sendo DSP o acrônimo para *demand-side plataform*, DMP o acrônimo para *data management plataform* e MTA o acrônimo para *multi-touch attribution*.

O DSP é uma estrutura descentralizada de aquisição de anúncios, equivalente ao AdWords do Google, e o DMP é utilizado para análise e armazenamento de dados dos mais variados canais móveis (ou não) de forma a permitir maior segmentação e assertividade possível no *targeting*, *retargeting* e *geotargeting* de audiências e tecnologias para as campanhas publicitárias digitais. O DMP é um modelo/*framework* mais direcionado à inteligência de negócio (B.I) e pode, ou não, estar integrado a um DSP.

Apesar da equivalência entre o DSP e o Google Adwords, uma das principais diferenças competitivas do DSP é permitir, em tempo real, informações de *analytics* ou dados estatísticos dos anúncios impressos, um serviço que no Google Adwords pode, em alguns cenários, durar horas e dias. Ele é uma barreira técnica que pode mudar à medida que ambas as soluções evoluem no decorrer do tempo.

Figura 15
Ad tech hub e propaganda em *displays* digitais

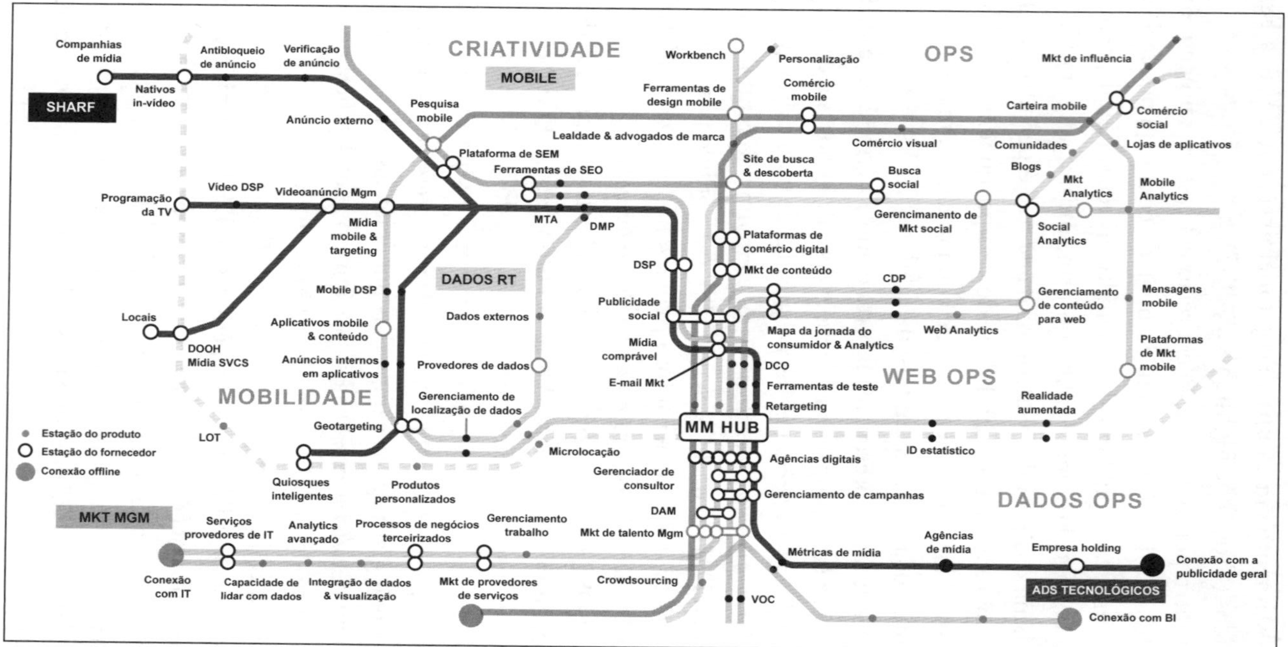

Fonte: Gartner (2015; trad. livre).

A implantação de uma DMP é, certamente, uma atividade de complexidade semelhante à implantação de um sistema de CRM ou de um sistema de *resource planning*, pois exige a integração com todos os canais internos, externos e de terceiros para montar os perfis comportamentais, demográficos e psicográficos dos clientes, sendo criado um modelo de referência de aumento na eficiência da campanha publicitária digital.

Uma plataforma MTA entra na cadeia de suprimento do *workflow ad techs* com foco essencial nos processos *omnichannel*, rastreando e armazenando o *storyboard* no tempo de todas as informações de identidade e características do usuário, informações de *media touch points* (ou telas que foram tocadas pelo usuário) e informações-chave de venda e/ou conversão.

Um exemplo desse *storyboard* MTA é uma loja ter identificado que determinado cliente com um cartão de fidelidade navegou em seu site em busca de um produto específico, e, de posse dessa informação, o time de marketing digital monitora, interpreta e coloca esse cliente na lista da campanha (via DMP e/ou DSP) a ser direcionada para os dispositivos móveis.

Ao navegar na internet pelo iPad, de noite, antes de dormir, o cliente se depara com o anúncio da loja durante a navegação em um site de preços de passagens aéreas, porém, apesar de bem direcionado, o anúncio não gera clique nem conversão.

Na segunda campanha publicitária, o time de publicidade e marketing mantém o cliente em questão na lista de dispositivos móveis gerados pelo DMP e, dessa vez, o cliente, ao jogar um *game* em seu celular Android (que pertence à empresa em que trabalha) durante viagem no metrô, o mesmo anúncio que foi impresso no iPad é impresso no *game*, gerando um clique, porém sem conversão.

No final de semana, o cliente novamente entra no site da loja para uma nova pesquisa. Dessa vez, em tempo real, o cliente recebe um SMS informando que, por possuir um cartão de fidelidade, receberá um desconto de 10% na loja física e 20% em compra no site do produto que pesquisou, sendo que para isso precisa responder o SMS, informando que aceita a promoção, com uma resposta simples, um caractere "S" caso aceite o desconto ou um caractere "N" caso não aceite. Essa última ação que recebeu em seu celular pessoal, um iPhone da Apple, foi atribuída e permitiu a concretização da venda em favor da loja física.

A venda em si mostrou a eficiência do processo de rastreamento MTA, pois gerou uma série de informações de valor, como informações sobre o horário de uso de cada *display* digital, assim como informações relacionadas com preferências e hábitos do cliente. Veja a figura 16.

Figura 16
Problema de atribuição de compra para múltiplos canais e pontos de promoção

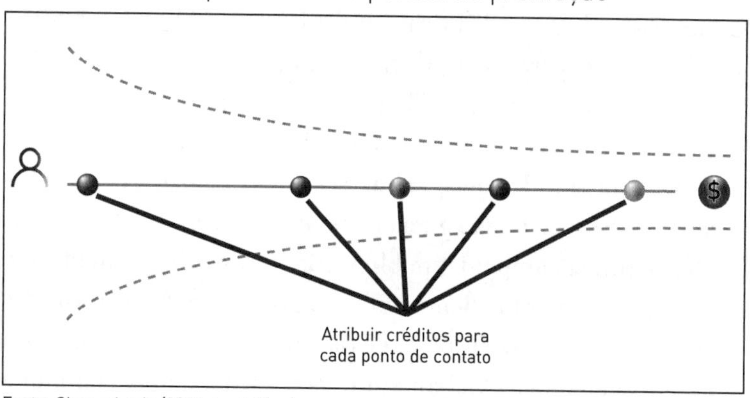

Fonte: Shao e Lexin (2011; trad. livre).

Avaliando o cenário da figura 16, fica claro que a aquisição ou atribuição (*attribution*) foi feita no último canal (via SMS no *touch screen* do iPhone), porém um dos grandes problemas (e desafios) da ciência publicitária atualmente é avaliar em modelos o peso e a valoração da influência dos outros anúncios impressos em diferentes canais durante o processo de compra, pois no caso mencionado foi realizado um clique em uma anúncio impresso no app do *game* no celular e este, certamente, também teve seu peso e valor no processo de venda.

Atualmente, o mercado assume o critério simples de atribuição de valor de aquisição para o anúncio que gerou efetivamente o clique ou ação de compra. Esse modelo é simplista e descarta todo o histórico e influência dos outros anúncios no processo. Uma plataforma MTA facilita a criação de novos modelos mais "justos" em relação ao peso dos demais anúncios no processo de compra como um todo, dentro dos múltiplos canais, conforme defendem Shao e Lexin (2011).

Essas tecnologias, plataformas e processos aliados permitem minimizar o problema clássico da publicidade, que é a baixa taxa de efetividade e conversão pela falta de conhecimento do público-alvo da campanha, um problema – em suma – de processamento e conhecimento de dados que, com as tecnologias emergentes, começa a ser mitigado.

Não menos importantes, dois processos também são partes fundamentais do processo *ad tech*: as plataformas SEM e a tecnologia DCO. A plataforma SEM é, por si só, uma disciplina à parte, que gira em torno de, essencialmente, fazer com que os links promocionais após uma pesquisa apareçam de forma orgânica na primeira página da máquina de busca. Para isso são utilizadas técnicas de SEO.

O DCO (acrônimo para *dynamic creative optimization*), por sua vez, é uma tecnologia que permite a personalização do anúncio publicitário, conforme mostra a figura 17.

Figura 17
Dynamic creative optimization (DCO)

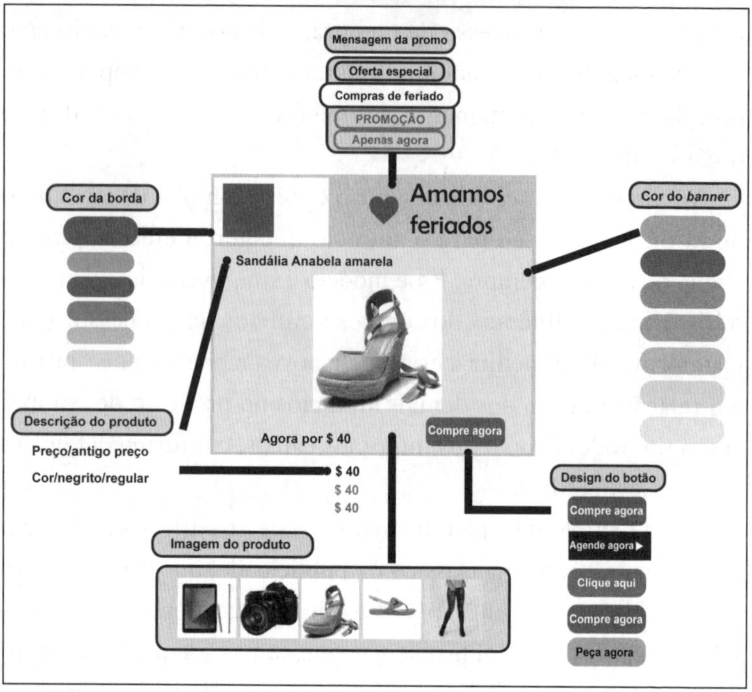

Fonte: Arbel (2012; trad. livre).

O CDO pode ser considerado o objetivo final de todo o processo de *ad tech* e permite a personalização do anúncio e também a escolha sistêmica conforme base de conhecimento prévio do usuário referenciado nos modelos montados no DSM, no DMP ou via MTA, ou seja, o DCO abre precedente para que futuramente sistemas de AI possam direcionar o design do anúncio de acordo com as preferências e conhecimentos prévios do cliente, aumentando ainda mais a efetividade das campanhas de comunicação digital.

Outro ponto importante é que as empresas envolvidas na publicidade programada formam um ecossistema complexo, que evolui a cada ano, com agências de publicidade, de mídia e de tecnologia trabalhando em conjunto em um cenário de diversidade de especialidades.

Portanto, tecnologias de publicidade digital, em especial os anúncios pagos, têm evoluído para ecossistemas complexos que permitem rastrear informações granulares em múltiplos canais e telas, oferecendo um cenário único na história da publicidade, que é direcionar investimentos em campanhas com máxima eficácia e com a determinação ótima de um público-alvo.

Estratégia de conteúdo

Indubitavelmente, o conteúdo é o carro-chefe de qualquer negócio, não é mesmo? É por meio de um conteúdo atrativo, inovador e diferenciado que você vai conquistar seus clientes e usuários, convencendo-os de que sua marca ou negócio é de qualidade e pode suprir as necessidades deles. Porém, para apresentar um conteúdo de referência para seu público-alvo, são necessários uma estratégia e um planejamento. Afinal, é preciso saber o que divulgar, quando divulgar e por que divulgar, para que não seja mais um conteúdo jogado na internet deliberadamente.

Mas, afinal, o que é uma estratégia de conteúdo? De acordo com Ann Gynn (2018; trad. livre), "o marketing de conteúdo é uma abordagem de marketing estratégico focada na criação e distribuição de conteúdo valioso, relevante e consistente para atrair e reter um público claramente definido – e, em última análise, para impulsionar a ação lucrativa do cliente".

Mais importante do que produzir conteúdo é pensar no conteúdo que será produzido e em quem você deseja alcançar com essa produção. E, para isso, são necessárias análises, pesquisas, definição de personas, para, então, operacionalizar. Tudo precisa ser analisado para alcançar objetivos, como aumentar o tráfego, gerar *leads*, gerar mais vendas e aumentar o ROI.

O processo como um todo é chamado de marketing de conteúdo, ou seja, um planejamento voltado para atrair usuários a partir do seu conteúdo. Para isso, você vai fazer análises e utilizar dados para montar um planejamento eficaz e que atenda às necessidades do seu negócio.

O primeiro passo é a definição de maneira clara de quais são os objetivos. Entender quais são as dores da empresa e do usuário e, principalmente, aonde se quer chegar com o planejamento. Nesse momento, é extremamente importante que o empreendedor tenha os pés no chão e determine objetivos palpáveis para, ao longo do tempo, atualizar e amadurecer o negócio.

Em seguida, damos início à criação de personas, ou seja, definimos quem é o *cluster*, posicionamento e hábitos, uso de internet e suas necessidades. É nessas características que será possível definir quem é seu consumidor ideal e a melhor forma de alcançá-lo. É importante não focar em atraí-lo, mas sim pensar em uma estratégia que o torne realmente um cliente em potencial. Afinal, os empreendedores desejam alcançar o público de uma maneira adequada para seu bolso.

Posteriormente, começamos uma análise dos atuais processos, para entender o que funciona ou não e estabelecer passos que correspondam às expectativas dos usuários e do empreendedor. A análise de SEO, nesse momento, é interessante para entender como os usuários conseguem chegar até seu negócio e quais são as dificuldades que eles enfrentam para encontrar aquilo de que precisam.

Após as análises, é hora de pensar em produzir os assuntos relevantes para seu público-alvo e, principalmente, a forma de apresentá-los. É importante estabelecer uma linguagem e um segmento para que, ao longo do tempo, você não se perca ao apresentá-lo ou passe a produzir algo fora do seu negócio. Além disso, pensar em inovação é importante, uma vez que há muito conteúdo disponível. Assim, o que o usuário leva em consideração é a autenticidade e, principalmente, a veracidade que você vai apresentar.

Por fim, para estabelecer o conteúdo é necessário alinhar a missão e os valores da empresa, apresentar unidade na marca e garantir que em todas as plataformas a empresa tenha o mesmo segmento de conteúdos. Esse é o ponto inicial para um negócio: personalize de acordo com as peculiaridades da empresa e mãos à obra!

A importância das palavras-chave para sua estratégia de conteúdo

Para estabelecer seu conteúdo, é necessário definir sua audiência, pois conhecendo sua audiência será possível alcançar o público-alvo com seu conteúdo. Porém, para apresentar um conteúdo de relevância, é importante fazer uma análise das palavras-chave que seus usuários mais buscam para otimizar o conteúdo.

As palavras-chave, segundo Ann Smarty (2018), são o combustível para qualquer estratégia de conteúdo. Ou seja, não importa qual seu segmento, as palavras-chave (ou *keywords*) são essenciais para que você saiba o interesse de seu público, além de monitorar a concorrência e ter uma fonte constante de pautas para seu conteúdo. Portanto, invista nas palavras-chave para elaboração de títulos, no corpo do texto, nas URLs e na descrição. Assim será possível melhorar o ranqueamento de sua página no Google e facilitar que o usuário encontre sua página e, consequentemente, usufrua de seu conteúdo.

Para estabelecer suas palavras-chave, você pode utilizar o planejador de palavras-chave do Google ou ferramentas pagas, como GTMetrix, SemRush, entre outras que utilizam sua URL para fazer uma análise das palavras mais buscadas pelos usuários, seja de forma orgânica ou paga. Dessa maneira, pode-se começar a delinear quais estratégias de conteúdo têm mais consistência e confiança.

Entretanto, ter uma estratégia de conteúdo vai além de um planejamento; faz parte de um cumprimento de metas e objetivos que trarão bons frutos para seu negócio. Para tal alcance, sugere-se a ferramenta de *inbound marketing*, que para gerar atração precisa se basear em quatro pilares e conseguir captar seus usuários. São eles: atração, conversão, venda e encantamento.

Para atrair, Vitor Peçanha (2018) destaca que deve ser por meio de conteúdos relevantes; assim, o *inbound* atrai visitantes interessados na sua marca. Já na conversão, é preciso transformar esses visitantes em *leads*, captando-os para seu negócio e tornando-os clientes potenciais. A hora da venda é o momento mais propício para mostrar a seu usuário que sua empresa tem a melhor solução para o que ele precisa e, então, consolidar a venda. O quarto e último pilar de encantar o cliente é o que chamam de pós-venda. Nessa fase, é preciso ofertar um nível de relacionamento diferenciado com o cliente e lhe ofertar o suporte necessário. Uma boa ideia para essa última fase é enviar um e-mail marketing, por exemplo, mostrando o quanto ele é importante para sua marca, além de melhorar a experiência desse usuário com seu negócio.

Utilizando esses quatro pilares para fidelizar o cliente, é hora de otimizar e apresentar um conteúdo de excelência para gerar ainda mais atratividade pelo seu serviço. Portanto, mais do que apresentar números, as estratégias de marketing, quando feitas de forma assertiva, podem melhorar o reconhecimento de sua marca e apresentar inúmeras vantagens para as organizações. Veja algumas:

- *Aumentar a visibilidade*. Quando um conteúdo de qualidade é publicado, a chance de você atrair novos usuários para sua página aumenta ainda mais. Portanto, faça cada conteúdo pensando em novos clientes e acreditando que esta é mais uma chance de se posicionar como referência em sua segmentação.

- *Promover a interação.* Nada melhor do que atrair seu usuário e conseguir que ele interaja com seu conteúdo de maneira espontânea. Assim, as estratégias de conteúdo também são importantes para uma inovação na forma de lidar com seu cliente e trazê-lo para mais perto da sua marca.
- *Aumentar o engajamento do seu negócio.* Ter certa periodicidade na publicação de conteúdo faz com que seu usuário passe a buscá-lo sempre que você apresentar algo novo, até isso se tornar um hábito. Além disso, pense em conteúdos que farão com que os usuários compartilhem em suas mídias sociais, por exemplo, como uma referência do que está sendo abordado. Assim será mais fácil fidelizá-lo e atrair novos usuários para conhecerem sua marca.
- *Aumentar as vendas.* Caso sua segmentação envolva algum tipo de comércio eletrônico, um conteúdo de qualidade pode atrair outros contatos e incentivar os usuários a adquirirem seu produto/serviço. Após um tempo de trabalho e dedicação, será possível que seu cliente vá até você de maneira mais espontânea, uma vez que você já conseguiu se firmar no mercado e se tornou uma referência do seu produto/serviço. Também é importante lembrar que as vendas são consequência de suas estratégias. Uma vez conquistados os usuários, eles vão atrás da sua marca para efetivar a compra.
- *Aumentar o ROI.* Ainda que muitas vezes as mídias pagas sejam indispensáveis para se firmar no mercado e gerar *leads*, elas certamente são mais baratas do que as publicidades tradicionais, como TV ou rádio, por exemplo. Além disso, com o marketing digital é possível mensurar as métricas e ter dados que comprovem que a estratégia está sendo eficaz

ou não, diferentemente da TV. Ou seja, com estratégias de conteúdo é mais provável que você alcance seus usuários facilmente e ainda reduza seus valores de investimento.

Como todo trabalho de marketing precisa de um monitoramento, é necessário atentar para os caminhos que suas estratégias estão tomando, e com o conteúdo não é diferente. Por isso, ainda que suas estratégias tenham sido baseadas em dados e estejam bem alinhadas, é de suma importância ter atenção durante todo o processo construtivo para que não haja nenhuma surpresa.

As métricas, durante todo o processo, vão ajudar a distribuir o conteúdo e analisar os resultados, além de permitir ver, gradativamente, se seus objetivos e metas estão sendo alcançados. Para isso, de acordo com o Content Marketing Institute, em seu portal institucional, é importante levar em consideração alguns pontos nesse primeiro estágio:

- *Tráfego do website*. Observe os números principais de sua página. Caso sejam crescentes, é a prova real de que o usuário está conseguindo encontrar seu site com facilidade e consumindo o conteúdo que você tem divulgado.
- *Impressões nas redes sociais. Likes*, comentários, compartilhamentos e avaliações são importantes também. Veja quais são seus usuários mais assíduos e o tipo de conteúdo que estão consumindo. Nessa fase, também é importante buscar seu pico de audiência para que você passe a publicar os conteúdos na hora em que seus usuários estão mais ativos.
- *Visualizações de vídeo*. Caso sua produção tenha transmissões ao vivo ou algum tipo de vídeo, preste atenção em quantas pessoas assistiram e interagiram com esse conteúdo.
- *SEO*. De acordo com dados da Rock Content (Mesquita, 2017), 93% das buscas online começam com as ferramentas

de busca. O *search engine optimization* vai ajudar a melhorar seu posicionamento nessas ferramentas, além de garantir um conteúdo de qualidade. Por isso, faça um bom trabalho de SEO para engajar sua marca.

Posteriormente, é hora de encarar o segundo estágio do processo. Na primeira fase, você já tem seu público no radar. Agora, são necessárias ações que indiquem que esses usuários desejam se conectar com seu conteúdo. Portanto, é hora de começar a avaliar:

- *Tráfego da página de resultados do mecanismo de pesquisa.* Analise quantas pessoas foram atraídas, pelo seu título e descrição, a visitar seu site.
- *As reações das redes sociais ou blogs.* Essas interações são importantes para saber se seu conteúdo está agradando ou não esses potenciais clientes. Quantifique as pessoas que foram motivadas, por seu conteúdo, a reagir publicamente.
- *SEO.* Continue fazendo uma pesquisa de otimização de palavras-chave e de otimização de busca para certificar-se de que o usuário continua encontrando seu site com facilidade. Além disso, experimentar novas palavras que tenham apresentado relevância pode ser importante para atrair novos usuários.

Com o interesse do público despertado, é hora de partir para a próxima etapa. Nesse momento, é necessário que seu usuário acredite em seu conteúdo e em sua marca como uma fonte confiável e de referência em tal segmento. Assim, é a ocasião de avaliar novas métricas, como:

- *Saber quantas pessoas o seguem na rede social.* Comece a mensurar quantas pessoas o seguem e o curtem no Facebook,

Twitter, Instagram e LinkedIn. E pense em ações que possam atrair ainda mais usuários para curtir sua página e segui-lo.

- *Compartilhamentos ou encaminhamentos de conteúdo.* Veja o quanto seu conteúdo está sendo repercutido e compartilhado.
- *Tags nas redes sociais.* Faça uma análise de quantas vezes um membro da audiência creditou sua marca e queria que você soubesse.
- *Assinantes.* Mensure quantas pessoas assinaram sua *newsletter* e passe a atraí-las ainda mais com seus conteúdos.

No último estágio, é a hora em que o membro da audiência se converte em um *lead* ou mesmo em um cliente. Nesse momento, o que vai prevalecer é seu serviço ou produto, gerando um interesse ainda maior nesse usuário. Por isso, é hora de fidelizar.

É importante levar em consideração todas as métricas para avaliar a eficácia do seu conteúdo perante o usuário e continuar seu planejamento para atrair ainda mais usuários e potenciais clientes. Com as estratégias de conteúdo, é sempre possível ir avaliando pouco a pouco e, caso seja necessário, mudar essa estratégia. Lembre-se: as estratégias de conteúdo não fazem milagre da noite para o dia; é um trabalho de fases, que deve ser analisado minuciosamente por um profissional de marketing digital.

Assim, a estratégia de conteúdo é vital para ter um melhor posicionamento nos sites de buscas e também ajuda o usuário a encontrar sua marca ou negócio. Ela pode ser dividida em quatro etapas: planejamento, criação, distribuição e mensuração de dados. Cada uma faz parte de um processo de conquista de confiança do usuário e, principalmente, da forma como você vai abordá-lo.

As estratégias de conteúdo visam otimizar o processo para o usuário e também para o empreendedor, visto que, com um conteúdo eficiente, o tempo e a mão de obra podem ser reduzidos. Além disso, uma mídia paga para atrair mais usuários é inteiramente mais em conta do que uma mídia tradicional, por exemplo. Por isso, investir em estratégias de conteúdo de forma organizada e eficiente garantirá um reconhecimento da marca e uma fixação no mercado em sua segmentação.

Social media marketing

As redes sociais fazem parte do cotidiano da maior parte das pessoas. Seja Facebook, Twitter, Instagram, LinkedIn ou qualquer outra, dificilmente você vai encontrar alguém que não tenha acesso a nenhuma dessas plataformas. Mais do que conectar pessoas, as mídias sociais se tornaram meios de comunicação que vão além do pessoal; elas se tornaram uma ferramenta de marketing direto. Nelas, podemos vender, comprar, encontrar eventos, grupos direcionados às vagas de emprego, divulgação de negócio, empresas de pequeno, médio ou grande porte, notícias do cotidiano e do mundo, entre as diversas outras vertentes que foram surgindo com o tempo.

Para que haja uma forma de destaque, principalmente para as empresas e empreendedores na hora de se tornar referência e alcançar o público-alvo nessas redes sociais, o SMM ou *social media marketing* apareceu para auxiliar nas estratégias que garantam o destaque nessas plataformas, tornando-se essencial para assegurar um conteúdo otimizado, de qualidade e que estimule o leitor a consumi-lo e, quem sabe, até a compartilhá-lo. Essas ações podem envolver a fixação da marca, planos de ação, relacionamento com o cliente e tantas outras estratégias que façam com que seu público-alvo se relacione com sua marca.

Inicialmente chamado de *social media optimization* pelo autor e especialista em inovação e marketing Rohit Bhargava, os SMM são as ações direcionadas às mídias sociais, como dito. Posteriormente, a última palavra (*optimization*) foi substituída por marketing, visto que fazia mais sentido com o direcionamento proposto.

Na esteira do SMM, podemos sugerir os serviços de criação de conteúdo, monitoramento de imagens, anúncios e planejamento e gerenciamento da marca na plataforma, trazendo assim um novo desafio para os empreendedores que desejam alcançar seus usuários e clientes nesse mundo intenso, promissor e amplo que são as mídias sociais.

Quando se opta pelo trabalho de mídias sociais, uma empresa ou negócio precisa marcar presença nessas plataformas e também saber como lidar com essas ferramentas e com os usuários que se apresentam ainda mais exigentes. Para isso, são necessárias análises estratégicas que definirão o cenário como um todo, de tal sorte que essas mídias, quando bem-sucedidas, resultarão em bons frutos e um caminho traçado a seguir. Caso contrário, o estrago e o impacto nessas plataformas podem ser ainda maiores, já que a propagação nas redes sociais é intensa, rápida e altamente viral – em questão de minutos, sua empresa pode ter usuários comentando, compartilhando e avaliando de forma altamente negativa. Portanto, é importante que o profissional responsável pela área de SMM faça uma análise minuciosa de seu público e de seus objetivos, a fim de alcançá-los com eficiência.

Com o intuito sempre de melhorar a experiência do usuário ou cliente com o negócio nas redes sociais, o SMM consiste em estratégias que precisam ser implementadas com base em dados, estudos, análises e definições de KPIs. Assim, para que você apresente um trabalho de excelência e alcance seus objetivos enquanto empreendedor, alguns pontos são extremamente necessários na hora de implementar o SMM no seu dia a dia.

Entre esses pontos, definir os objetivos é primordial para esse processo dentro de sua empresa. Seja gerar tráfego, aumentar o ROI, atrair mais clientes ou gerar *leads*, por exemplo, em cada uma dessas opções teremos uma estratégia diferente a fim de trabalhar dentro das redes sociais, fazendo com que seu objetivo seja alcançado mais assertivamente.

Antes de tomar qualquer atitude, é necessário avaliar o perfil da empresa na internet, mais precisamente nas redes sociais; realizar uma pesquisa de competência, de engajamento, de opinião dos usuários, da reputação online e do conteúdo disponibilizado, fazendo com que o SMM seja mais uma forma de se firmar na plataforma e promover o reconhecimento de sua marca.

Após essa primeira fase de reconhecimento e análise dos processos, é a hora de definir as estratégias que serão utilizadas para o planejamento de SMM. Nesse momento é necessário que o profissional tenha uma *expertise* para avaliar o cenário e decidir qual é o melhor caminho que a empresa deve seguir. Por isso, algumas perguntas podem ajudar na hora de definir as metas de mídias sociais. Por exemplo:

- O que você espera conseguir por meio do marketing de mídia social?
- Quem é seu público-alvo?
- De onde seu público-alvo sairia e como ele usaria a mídia social?
- Qual mensagem você deseja enviar ao seu público com o marketing de mídia social?

Depois de respondidas as perguntas, é hora de definir o tempo desse plano de ação; afinal, nenhuma estratégia de marketing apresenta resultados da noite para o dia. É preciso estabelecer uma data de início e uma data para uma nova análise, para que possamos monitorar sua funcionalidade no SMM. Para isso, é interessante apresentar um relatório com dados comparativos em relação ao período anterior; assim, será possível notar, por meio de métricas, a efetividade do planejamento.

Como nem só de mídia orgânica se sustenta o SMM, é necessário investir na divulgação, principalmente no início do planejamento, em que é preciso firmar a marca e fidelizar os clientes, fazendo com que eles passem a buscar seu conteúdo. Pode-se fazer um planejamento mensal com os valores a serem direcionados para a mídia paga. Os anúncios ajudam a atrair ainda mais curtidores, alcançando potenciais curtidores e seguidores para sua página.

A publicidade paga é uma maneira econômica de aumentar seu alcance e atrair novos usuários. Isso porque cada uma das plataformas de redes sociais disponibiliza recursos de segmentação, permitindo que você concentre seu orçamento no público que realmente possui uma probabilidade maior de interesse no seu negócio.

Por fim, e talvez uma das fases mais interessantes para o planejamento, são os relatórios e controle das ações, nos quais é possível avaliar que tipo de conteúdo atrai mais público e, assim, começar a segmentá-lo, para enfim conseguir fidelizar esse usuário e fazer com que ele passe a compartilhar seu conteúdo e a indicar sua marca como referência no determinado segmento.

As vantagens do *social media marketing*

As redes sociais são destaque para qualquer tipo de segmento, porque constituem uma das formas mais rápidas de alcançar seu público e obter uma resposta igualmente rápida, seja positiva ou negativa. Isso acontece porque as pessoas são cada vez mais atraídas pelas redes sociais no cotidiano e acabam se direcionando por elas, para uma pesquisa de empresa, notícias ou mesmo para dar um *feedback*.

É extremamente comum você entrar em uma página do Facebook de determinada empresa, por exemplo, e se deparar com avaliações sobre o serviço prestado. E o SMM complementa esse processo: com um conteúdo otimizado e estratégicas alinhadas com o objetivo, é possível obter o retorno de seu público de forma rápida, tendo um posicionamento para repensar as estratégias, otimizá-las ou continuar investindo nas mesmas.

As redes sociais também demandam respostas e interações rápidas com o público; por isso é mister atentar para as necessidades dos usuários para que a experiência seja sempre positiva e a empresa consiga assisti-lo, se assim for necessário.

O SMM pode ajudá-lo em diversos aspectos da sua página, tais como:

- *Aumentar o reconhecimento da marca.* Para estabelecer um reconhecimento de marca autêntico e duradouro, é preciso mais do que anúncios e promoções. Torna-se necessário concentrar-se em conteúdo relevante e em uma personalidade de marca forte, por meio de seus canais sociais.
- *Garantir maior qualidade de vendas.* É quase impossível mensurar seus canais sociais sem monitorar ou ouvir palavras-chave, frases ou *hashtags* específicas. Por meio de uma segmentação de mídia social mais eficiente, o SMM, você atinge seu público-alvo mais rapidamente e de maneira assertiva.
- *Vender pessoalmente também pode ser uma possibilidade.* Alguns empreendedores que possuem lojas físicas, por exemplo, confiam nas estratégias de marketing de mídia social para impulsionar as vendas nas lojas. Se você possui uma loja física, é importante levar em consideração se sua marca está promovendo o suficiente no social para recompensar aqueles que vêm até você. Que tal promover campanhas e alertar os clientes para o que está acontecendo em suas lojas?
- *Aumentar o ROI.* Dificilmente uma marca nas redes sociais não deseja aumentar o retorno do investimento. No social, esse objetivo é específico; então, é importante realizar uma auditoria completa de seus canais e garantir que o custo da mão de obra, anúncios e design permaneçam no caminho certo.

- *Criar uma base de clientes fiéis.* Fidelizar clientes e usuários demanda tempo, cuidado e bastante atenção ao que está sendo oferecido. Assim, o foco de seu planejamento será fazer com que seus usuários passem a reagir positivamente sem qualquer iniciação. Porém chegar a esse ponto requer tempo, dedicação e esforço com a criação de uma persona de marca positiva no social.
- *Conseguir credibilidade no mercado.* Toda estratégia, antes de ser colocada em prática, requer uma análise daquilo que seus concorrentes estão fazendo e que parece estar funcionando. Descobrir as estratégias que eles estão usando para gerar engajamento ou vendas vai ser importante para seu plano de ação. Ter um pulso no mercado poderá ajudá-lo a melhorar seus esforços e extrair algumas dicas daqueles que estão há algum tempo na ativa e, aparentemente, indo bem.

Mais do que utilizar o SMM a seu favor, é preciso utilizá-lo com excelência e colher bons frutos desse trabalho. Como um bom planejamento de marketing digital demanda tempo e paciência, visto que não teremos resultados consideráveis em apenas uma semana, há também alguns segredos que podem facilitar esse processo e fazer com que seu planejamento apresente métricas positivas.

Uma produção de conteúdo relevante e de qualidade será o maior destaque para seu negócio, gerando uma repercussão espontânea. É importante ressaltar que o conteúdo deve ser atrativo, e não apenas publicado para cumprir protocolo. Portanto, invista em publicações curiosas, interativas e úteis. E tenha sempre em mente a inovação; nada de tradicionalismo. O maior destaque das redes sociais é o novo e atrativo.

Também é importante estar atento ao seu usuário, quais são as necessidades que ele apresenta e, principalmente, o *feedback* que ele disponibiliza em sua página. Com o SMM, é importante você estreitar o relacionamento com seu cliente e estar disposto a ouvi-lo. Essas opiniões também geram uma boa taxa de engajamento para sua página e fazem com que novos usuários recebam recomendações positivas de seus serviços.

Vale destacar a forma pela qual você vai alcançar seus usuários. Alguns empreendedores que não são *heavy users* de redes sociais tendem a divulgar seus serviços em grupos, fóruns e até comunidades, o que não é o mais recomendável. O ideal é que você entregue seu conteúdo em lugares úteis para seu usuário, fazendo com que ele não se sinta invadido em seus perfis ou grupos.

Também é preciso levar em consideração a transparência. Perfis falsos para avaliações, comprar opiniões ou enviar *spams* são facilmente detectados pelos usuários. Portanto, fazer um trabalho de formiguinha, pouco a pouco, é mais vantajoso do que agir de má-fé.

Quando o assunto são as redes sociais, também é preciso levar em consideração a inovação e a autenticidade. Logo, deixe a mídia tradicional para a TV e pense à frente. Aproveite a tecnologia para criar algo inovador e promover o interesse de seus usuários. A ideia é que eles sejam sempre estimulados à interação com a página.

O SMM tem como principal intuito estimular que o usuário promova uma repercussão espontânea do conteúdo disponibilizado. E, para isso, é necessário desenvolver um planejamento organizado, criativo e inovador que incite o "boca a boca" entre os usuários, para então se tornar uma referência nas plataformas e no empreendedorismo.

O que não fazer em um planejamento de *social media marketing*

Errar é extremamente comum, mas os cuidados nunca são demasiados, visto que um erro técnico pode acabar com todo o planejamento, ainda mais nas redes sociais, em que o conteúdo é disseminado com muita agilidade, fazendo com que você tenha de começar do zero para reconquistar seu público-alvo.

Assim, algumas dicas para não errar em seu planejamento podem ajudá-lo a seguir com excelência em seu negócio:

- *Não planejar.* Há quem queira fazer tudo no *feeling*, sem analisar dados, métricas e sem estudar a realidade do negócio. Esse é um grande erro! Tudo precisa ser discutido, desde as ações que serão tomadas, até a linguagem pela qual você vai se dirigir a seu público. Portanto, não adianta negar, planejamento é o segredo do sucesso.
- *Não enxergar além dos números.* Os números dizem muito, porém é preciso analisá-los com cautela e entendimento de seu significado. Mais do que os números, basear-se no que dizem seus usuários é fundamental.
- *Trabalhar na intuição.* O dono conhece o próprio negócio, mas nem sempre conhece os tipos de usuários com que lida. Logo, o importante é olhar para os lados, analisar as métricas e estatísticas que mostram todo o engajamento com o público e se basear em dados para seus próximos passos nas plataformas sociais.
- *Indispor-se com haters.* Em toda plataforma online, você vai se deparar com *haters*. Afinal, é disto que eles vivem: falar mal de sua marca, de seu negócio. Porém, como você já sabe da existência desse tipo de usuário, não vale a pena se indispor e ficar discutindo nas redes sociais. Acredite, não é nada pessoal. Por isso, seja educado e ignore essas ações.
- *Não mudar as estratégias dependendo da plataforma.* É preciso ter em mente que nem todo conteúdo pode ser disseminado em todas as redes sociais. Por exemplo, um conteúdo divulgado no Facebook não precisa e, muitas vezes não se encaixa,

nos direcionamentos do LinkedIn, que é uma plataforma mais profissional. Por isso, analise o perfil de cada rede social e direcione os conteúdos certos para determinado tipo de usuário. Essa atitude deixará seu usuário satisfeito ao notar que você possui uma variedade de conteúdo nas plataformas, e não somente "reposta".

- *Deixar sua rede de lado.* Atualmente, podemos encontrar diversas ferramentas de publicação e agendamento de conteúdo. Elas são muito úteis e otimizam nosso tempo; porém, acompanhar sua publicação de perto, estar atento às estatísticas e reações de seus usuários e responder a eles é fundamental. Por isso, dê preferência por essas ferramentas somente quando necessário, como numa viagem, por exemplo, na qual você não estará 100% conectado e dedicado às redes sociais.

Em suma, o SMM chegou para facilitar a vida de muitos empreendedores, otimizando e fazendo com que apresentem um conteúdo de qualidade e altamente planejado para seus usuários. Além disso, alcançar seu público-alvo e tê-lo sempre perto, ouvindo-o e respondendo-lhe, torna possível humanizar e aproximar esses interesses nas redes sociais, fazendo com que seu negócio alcance todos os objetivos estabelecidos no início do planejamento e, principalmente, conseguindo o reconhecimento da marca.

Para apresentar um trabalho de excelência para os usuários, faz-se necessário desenvolver estratégias e metodologias tanto no ambiente *off*, quanto no ambiente *on*, para que ambas estejam em simetria. Portanto, ter uma singularidade na comunicação integrada é importante para atrair novos usuários e se firmar como modelo de negócio.

Mobile marketing

Com a evolução da tecnologia, a informação agora se encontra disponível na "ponta dos dedos". O marketing e as vendas precisaram se adaptar aos novos formatos. Nesse novo cenário, surgiu o *mobile marketing* – estratégias de marketing utilizadas e destinadas aos dispositivos móveis.

Segundo o Mobile Report 2017 (Prado, 2017), a média diária de tempo gasto com smartphones é de 3 horas e 34 minutos. Portanto, é essencial estar presente nessa interação, levando conteúdo de qualidade e que marque o usuário. Como o uso está cada vez mais frequente, fazer abordagem é importante.

O *mobile marketing* é a estratégia que funciona em tempo real. Onde você está, o que visitou, o que comeu, seus interesses. E usar essas informações para segmentação é o que tem feito tantas plataformas conquistarem sua fatia do mercado, atraindo o público de maneira mais leve e orgânica.

No livro *Marketing 4.0* (Kotler, Kartajaya e Setiawan, 2017), Kotler define: marketing é um processo social por meio do qual pessoas e grupos de pessoas obtêm aquilo de que necessitam e o que desejam com a criação, oferta e livre negociação de produtos e serviços de valor com outros.

O principal aspecto dessa vertente do marketing é a criação de campanhas estratégicas voltadas para o público online, atendendo às necessidades dos usuários no momento em que eles precisam. Com o crescimento constante da tecnologia e maior disponibilidade de internet, estar com a informação se tornou algo urgente. A necessidade de atualizar-se se faz presente em tempo real, instante a instante, entendendo como essa dinâmica pode influenciar nosso comportamento online e offline.

Se, para o público, existe a necessidade de estar informado, as empresas devem focar em conversão e fornecimento de conteúdo relevante. Para isso, é importante estar onde o público está: online. É necessário ter um aplicativo para seu negócio, otimizar seu conteúdo para distribuição na internet, observar as informações geográficas que possui dos seus clientes e potenciais clientes, monitorar o engajamento e o que os leva a chegar até você, como exemplificado na figura 18.

Figura 18
Métricas de informações sobre *social media* e internet

Sociedade & mídia

1.287.782	Novos livros publicados este ano	[+]
340.751.914	Jornais em circulação atualmente	[+]
446.652	Televisões vendidas hoje	[+]
4.216.993	Celulares vedidos hoje	[+]
$ 193.283.954	Dinheiro gasto em videogames hoje	[+]
3.956.799.775	Usuários de internet no mundo hoje	[+]
170.842.673.684	E-mails enviados hoje	[+]
3.891.402	Posts de blog escritos hoje	[+]
491.722.763	Tweets enviados hoje	[+]
4.124.766.743	Buscas no Google hoje	[+]

Fonte: <www.worldometers.info/> (trad. livre). Acesso em: jun. 2018.

A captação de *leads* e a criação de um vínculo com o cliente tem se transformado desde que os smartphones começaram a dominar o mercado. Além da necessidade de sites responsivos, a criação de aplicativos e a aproximação via redes sociais são importantes para manter esse relacionamento com o cliente. Mas existem outras oportunidades além de um *like* online. Confira:

- *QR code.* Trata-se da leitura de um código feita por meio da câmera do seu smartphone, direcionando a links específicos para acessar sites ou *landing pages*, baixar um arquivo, discar para um número de telefone ou até enviar um e-mail. Apesar de parecer com um código de barras tradicional de no máximo 20 dígitos, o QR code pode conter até 7.089 caracteres.
- *Aplicativos.* Conhecer seu público e saber como se comunicar com ele por meio dessa ferramenta pode ser uma ótima maneira de manter esse canal aberto. Com a permissão de notificações, ter o aplicativo de uma empresa/serviço no celular serve para divulgação de produtos e promoções, criar expectativas, aproximar o cliente da marca e deixar essa comunicação disponível.
- *Links patrocinados.* Quando o usuário faz uma busca sobre um termo específico, é possível anunciar no topo da página em formato de um texto simples. Também há links em redes sociais, em vários formatos e com segmentação de público. Apesar de ser uma ferramenta que precisa de um valor aplicado, gera retorno rápido, tráfego orgânico, aumenta conversões, amplifica outras estratégias e fortalece a marca. Sabendo como escolher o canal utilizado e o conteúdo especializado, as vantagens são diversas.
- *YouTube.* O YouTube é responsável por bilhões de visualizações diariamente; então, levar sua marca para a plataforma é algo a considerar. Além de fortalecer sua marca e sua presença online, é a oportunidade de conversar de forma mais dinâmica com seus clientes. Apresentar seus projetos, quem está por trás do trabalho feito, contar histórias, entreter. Entregar um vídeo ou mesmo uma propaganda com

qualidade, saindo daquele formato televisivo, pode levar a um retorno significativo, principalmente por ser uma plataforma de vídeos gratuita.

- *Podcasts*. Chegando aos clientes e entregando conteúdos interessantes de maneira informal, os *podcasts* conquistaram seu espaço e já são utilizados por diversas marcas e influenciadores. Podemos assumir que seu crescimento vem da acessibilidade que conteúdos em áudio podem oferecer, da praticidade de se ouvir enquanto se fazem outras atividades e da facilidade para levar esse conteúdo até o ouvinte.
- *Redes sociais*. Grande revolução na comunicação e na geração, as redes sociais são ótimas maneiras de divulgar informações e propagar conteúdo. Ligado a links patrocinados e anúncios dentro dessas plataformas, além de posts dinâmicos e interessantes, o conteúdo pode ser tornar viral e atrair mais seguidores.
- *Newsletter*. E-mails disparados por uma ferramenta para listas de contato, as *newsletters* ainda são uma estratégia de marketing que pode e deve ser utilizada para gerar relacionamento. Em formato responsivo e com conteúdo rápido de se ler e a ser divulgado, receber informações pela caixa de entrada ainda é muito útil.

Agora, com todas essas opções apresentadas, é importante lembrar-se de integrar todos os canais. Ao enviar uma *newsletter* sobre conteúdo do seu site, apresente seu canal no YouTube, deixe o link para acessar os *podcasts*. Assim, uma divulgação impulsiona as outras diversas plataformas. Entregar ofertas, promoções e oportunidades para clientes que possuem seus aplicativos e acessam seu site via *mobile* é uma estratégia para fidelizar e impulsionar vendas. O *mobile marketing*, quando bem executado, é capaz de trazer ótimo retorno sobre investimento (ou ROI).

Otimização

Mais do que entregar um projeto de marketing, se organizar é importante para converter, analisar e otimizar. Coletar dados que já possuímos, gerados no site ou em redes sociais, e, por meio de testes e mediações, descobrir como utilizá-los de maneira mais inteligente. Para isso contamos com algumas ferramentas essenciais para um marketing digital de efeito. Temos como mais utilizadas o SEO e o SMO, além de outras siglas que podem confundir. Vamos descrever um pouco essas ferramentas e mostrar onde podem ser utilizadas:

- SEM (*search engine marketing*) pode ser traduzido como marketing para ferramentas de busca. Também ligado aos sistemas de buscadores, é o conjunto de ações e táticas para melhorar o nível de visibilidade de uma empresa. Pode ser usado como ferramenta de SEO e utilizar links patrocinados para se manter no topo da página.
- SMO (*search media optimization*) é o conjunto de técnicas para conseguir novos seguidores, fidelizar clientes e transformar os posts em ferramentas para aumentar o engajamento de seu público.
- SMM (s*ocial media marketing* ou apenas marketing para mídias sociais). Serve para criar conteúdo que fideliza e atrai, sendo compartilhável e de qualidade.

Estar em primeiro lugar nas buscas significa muito mais do que apenas estar na primeira página. Significa ganhar destaque, visibilidade e mais interações com clientes e *prospects*, maximizando o potencial de um negócio. Segundo afirma Kemp (2019), 90% das pessoas que pesquisam no Google clicam nas marcas ou empresas que estão na primeira página do site. Logo, suspeita-se de que uma empresa precisa estar na primeira página, certo?

Posicionar-se e estar ativo nas redes sociais é a estratégia digital que leva uma marca, pessoa ou empresa a ganhar autoridade nos canais onde seu público também está. Ainda que sua marca não possua redes sociais, seus clientes sim e vão falar de você. E essa é a importância: saber o que, quando e se os comentários são negativos ou positivos. No ambiente digital, quem rege e determina o sucesso de uma empresa é o cliente, pois é onde ele tem mais voz. A partir desse engajamento e interação com o público é que se cria uma reputação online, atraindo novos clientes e fidelizando seguidores.

Agora que sabemos como atrair clientes para a plataforma, devemos preparar nosso site ou aplicativo para uma melhor jornada. Falamos sobre a importância dos sites responsivos, já que o acesso pode ser feito em formatos de telas diferentes e devemos estar preparados para isso. Toda a interface do seu site deve ser pensada no uso de smartphones, considerando o tamanho da tela, tempo de exposição, localização dos clientes, como demonstra a figura 19. A responsividade é vital, o que gerará uma complementaridade ao conteúdo exposto, de maneira que leve o usuário a achar o que procura de forma intuitiva.

Figura 19
Arquitetura plana

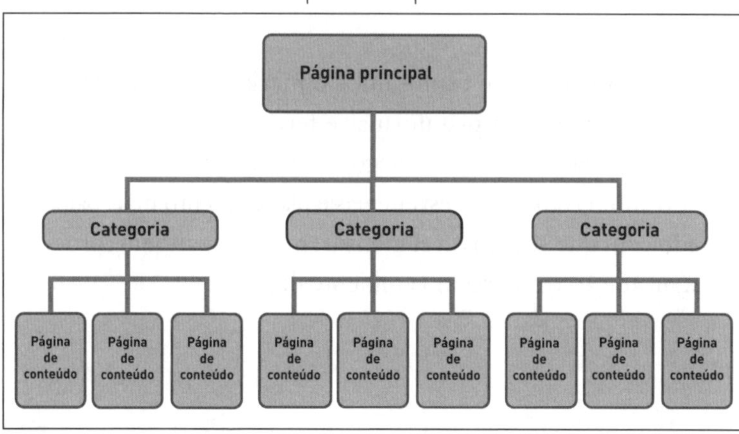

Fonte: Patel (2018; trad. livre).

Um design bem utilizado, expondo seu conteúdo de maneira fácil de ler, fluido e de busca fácil retém o usuário. Caso contrário, este pode ficar entediado ou cansado e deixará seu site assim que não encontrar rapidamente o que procura.

Pessoas costumam andar com seus celulares todo o tempo; então, é importante possuir um design para diversas situações, colocar-se como o aplicativo ou o serviço que informa sem perder tempo e entrega um conteúdo rápido, informativo num *layout* intuitivo. Estar ali e entregar seu melhor.

Quando você precisa fazer uma pesquisa no Google ou procurar alguma informação, qual o dispositivo que você utiliza com mais frequência: seu celular ou um computador? Com internet *wi-fi* ou 3G e a mobilidade que o smartphone proporciona, é mais comum usarmos o que está disponível no bolso. Desenvolver uma ferramenta móvel é um grande desafio, entregar esse conteúdo de maneira interativa demanda esforços e revisão constante para observar tendências e eventuais ações que chamem atenção. Ficar por dentro das novidades e trabalhar constantemente para melhorar o produto é um trabalho integral.

* * *

Neste último capítulo, exploramos o marketing na internet, as novas e indispensáveis plataformas e ferramentas que servem de apoio às tomadas de decisão de negócio. Essas ferramentas ajudam a tornar o árduo trabalho de estratégias e planejamento mais palpável, fazendo com que seja possível mensurar e acompanhar o processo de estruturação da marca no ambiente digital.

Conclusão

O marketing digital é uma união de ferramentas, objetivos, estratégias e análises; envolve entender a importância do negócio e trabalhar cada um dos pontos necessários para que se desenvolva no mercado e promova o reconhecimento da marca entre tantas opções disponíveis. O marketing é responsável por apresentar o diferencial, além de direcionar o negócio para o público-alvo.

Um plano de marketing digital, seguido de maneira organizada e planejada, tende a elevar o ROI, atrair novos usuários e promover a marca como uma referência no mercado do segmento escolhido. Assim, será imperativo ter objetivos claros e bem definidos sobre planejamento; determinar seu público-alvo; ter uma estratégia de conteúdo para se comunicar com esses potenciais clientes, incluindo SEO e outras ferramentas necessárias para otimizar o que será disponibilizado; analisar os resultados constantemente. Afinal, caso alguma campanha não esteja funcionando como o esperado, você terá tempo hábil para readaptá-la ao cenário da empresa.

Ao longo dos capítulos do livro *Marketing em ambiente digital*, foi possível apresentar os gatilhos importantes para seu planejamento e analisar a melhor forma de desenvolver cada um deles dentro de seu negócio. Todas essas ferramentas citadas, desde o entendimento da importância do marketing digital, sua história e fundamento, até a coleta de dados gerados no seu site ou em redes sociais, por exemplo, fazem parte do processo que tornará sua empresa uma referência de mercado, além de promover uma melhor interação com seus clientes e usuários.

O marketing digital inclui processos citados neste livro que estão embutidos ao longo dessa trajetória e que são necessários para um planejamento eficaz e completo. Além disso, o marketing torna-se essencial, pois envolve mais do que *expertise* e inteligência no assunto; envolve dedicação e conhecimento de seu próprio negócio e de seus clientes, a fim de entender as deficiências e se colocar no lugar dos usuários, para então progredir como uma empresa de referência, seja ela de qualquer segmento.

Referências

ANDERSON, Chris. *Cauda longa*: do mercado de massa para o mercado de nicho. Rio de Janeiro: Campus, 2006.

APPMOBILE. SoLoMo: nova tendência de mercado. *AppMobile*, 10 dez. 2013. Disponível em: <http://appmobile.com.br/solomo-nova-tendencia-de-mercado-2/>. Acesso em: 21 jun. 2019.

ARBEL, Benny. The real time world of display advertising. Part two: Dynamic creative. *Econsultancy*, 2 ago. 2012. Disponível em: <https://econsultancy.com/blog/10467-the-real-time-world-of-display-advertising-part-two-dynamic-creative/>. Acesso em: 9 jun. 2018.

BATISTA, Emerson de O. *Sistema de informação*: o uso consciente da tecnologia para o gerenciamento. São Paulo: Saraiva, 2006.

BLAKE, Thomas; NOSKO, Chris; TADELIS, Steven. Consumer heterogeneity and paid search effectiveness: a large scale field experiment. *Econometrica*, v. 83, n. 1, p. 155-174, 2015.

BOULTON, Clint. What is digital transformation? A necessary disruption. *CIO*, 11 dez. 2018. Disponível em: <www.cio.com/article/3211428/digital-transformation/what-is-digital-transformation-a-necessary-disruption.html>. Acesso em: 7 jan. 2019.

CANNON, David et al. *ITIL service strategy*. Londres: Tso, 2011.

CARVALHO, Mateus. Origem e evolução do marketing: por quais mudanças o marketing passou. *Rock Content*, 11 fev. 2017. Disponível em: <https://rockcontent.com/blog/origem-e-evolucao-do-marketing/>. Acesso em: 23 nov. 2018.

CATCH the wave: the long cycles of industrial innovation are becoming shorter. *The Economist*, 11 ago. 2014. Disponível em: <www.economist.com/special-report/2014/08/11/catch-the-wave>. Acesso em: 4 jul. 2018.

CERVONE, H. Frank. Understanding agile project management methods using Scrum. *OCLC Systems & Services*: international digital library perspectives, v. 27, n. 1, p. 18-22, 2011.

COOK, Glenn. Customer experience in the omnichannel world and the challenges and opportunities this presents. *Journal of Direct, Data and Digital Marketing Practice*, v. 15, n. 4, p. 262-266, 2014.

DAI, Daisy; LUCA, Michael. Effectiveness of paid search advertising: experimental evidence. Harvard Business School. *Working Paper* n. 17-025, 1º out. 2016.

E-COMMERCE BRASIL. 98% das empresas brasileiras não aproveitam o marketing digital, diz Google. *E-commerce Brasil*, 21 jun. 2018. Disponível em: <www.ecommercebrasil.com.br/noticias/pesquisa-da-bcg-e-google-revela-que-98-das-empresas-brasileiras-nao-aproveitam-o-potencial-do-marketing-digital/>. Acesso em: 20 mar. 2019.

______. Pela primeira vez a publicidade digital nos EUA ultrapassa os R$ 100 bi. *E-commerce Brasil*, 9 maio 2019. Disponível em: <www.ecommercebrasil.com.br/noticias/pela-primeira-vez-a-publicidade-digital-nos-eua-ultrapassa-os-r-100-bi/>. Acesso em: 13 maio 2019.

EMARKETER. Pesquisa. 2017. Disponível em: <www.ecommercebrasil.com.br/noticias/pela-primeira-vez-a-publicidade-digital-nos-eua-ultrapassa-os-r-100-bi/>. Acesso em: 2 fev. 2019.

GABRIEL. Martha. *SEM e SEO*: dominando o marketing de busca. São Paulo: Novatec, 2012.

GARTNER GROUP. *Gartner Digital Marketing Transit Map*. Gartner, 2015. Disponível em: <www.gartner.com/technology/research/digital-marketing/transit-map/transit-map-guest.jsp>. Acesso em: 3 jun. 2018.

GOETSCH, Kelly. *E-commerce in the cloud*: bringing elasticity to e-commerce. Sebastopol: O'Reilly, 2014. p. 23.

GOOGLE ANALYTICS. *DHG Web*, [s.d.]. Disponível em: <www.dhgweb.com.br/google-analytics.html>. Acesso em: 21 mar. 2019.

GOOGLE MARKETING PLATFORM. Google Analytics. *Google*, [s.d.]. Disponível em: <https://marketingplatform.google.com/about/analytics/>. Acesso em: 15 nov. 2018.

GOVINDARAJAN, Vijay. *The three-box solution*: a strategy for leading innovation. Boston: Harvard Business Review Press, 2016.

GYNN, Ann. How to get content marketing wrong? Think like a PR person. *Content Marketing Institute*, 12 jun. 2018. Disponível em: <https://contentmarketinginstitute.com/2018/06/content-marketing-wrong/>. Acesso em: 27 jun. 2018.

HUGHES, Gillian. Estudo global revela que a maioria das empresas digitalmente maduras são 26% mais lucrativas do que suas concorrentes. *Capgemini*, 1º jan. 2013. Disponível em: <https://www.capgemini.com/br-pt/news/estudo-global-revela-que-a-maioria-das-empresas-digitalmente-maduras-sao-26-mais-lucrativas/>. Acesso em: 16 set. 2019.

KEMP, Simon. Digital 2019: global internet use accelerates. *We Are Social*, 30 jan. 2019. Disponível em: <https://wearesocial.com/blog/2019/01/digital-2019-global-internet-use-accelerates>. Acesso em: 20 mar. 2019.

KOTLER, Philip. *Administração de marketing*: análise, planejamento e controle. São Paulo: Prentice Hall, 1967.

______. *Administração de marketing*. 2. ed. Trad. Bázan Tecnologia e Linguística. São Paulo: Prentice Hall, 2000.

______; ARMSTRONG, G. *Princípios de marketing*. 12. ed. São Paulo: Pearson Prentice Hall, 2007.

______; KARTAJAYA, Hermawan; SETIAWAN, Iwan. *Marketing 4.0*: do tradicional ao digital. Rio de Janeiro: Sextante, 2017.

KPI: como medir o que importa no seu negócio. *Endeavor Brasil*, 22 jul. 2015. Disponível em: <https://endeavor.org.br/kpi/>. Acesso em: 11 jun. 2018.

LAS CASAS, A. L. *Marketing de serviços*. 5. ed. São Paulo: Atlas, 2007.

MARÓSTICA, Eduardo (Org.). *Inteligência de mercado*. São Paulo: Cengage Learning, 2014.

MESQUITA, Renato. O que é SEO: o guia completo para você entender o conceito e executar sua estratégia. *Rock Content*, 9 jul. 2017. Disponível em: <https://rockcontent.com/guia/seo/>. Acesso em: 3 jun. 2018.

MICELI, André; SALVADOR, Daniel. *Planejamento de marketing digital*. 2. ed. Rio de Janeiro: Brasport, 2017.

MORIN, Edgar. *Ciencia con consciencia*. Barcelona: Anthropos, 1984.

NICHOLS, Wes. Advertising Analytics 2.0. *Harvard Business Review*, v. 91, n. 3, p. 60-68, 2013.

O QUE é Google Analytics. *Academia do Marketing*, [s.d.]. Disponível em: <www.academiadomarketing.com.br/o-que-e-google--analytics/>. Acesso em: 21 mar. 2019.

O QUE é SEO? *Marketing de Busca*, [s.d.]. Disponível em: <www.marketingdebusca.com.br/seo/>. Acesso em: 11 jun. 2018.

PATEL, Neil. Mobile-First Index: como criar campanhas de conteúdo para celular. *Neil Patel*, 2018. Disponível em: <https://neilpatel.com/br/blog/mobile-first/>. Acesso em: 21 jun. 2019.

PEÇANHA, Vitor. O que é inbound marketing? Conheça o marketing de atração e desenvolva estratégias para atrair e conquistar clientes. *Rock Content*, 1º mar. 2018. Disponível em: <https://rockcontent.com/blog/o-que-e-inbound-marketing/>. Acesso em: 4 out. 2018.

PERSPECTIVAS para o mercado digital 2019. *mLabs*, [s.d.]. Disponível em: <www.mlabs.com.br/estudos/perspectivas-para-o-mercado-digital-2019>. Acesso em: 20 mar. 2019.

POCHMANN, Marcio. Terceirização, competitividade e uberização do trabalho no Brasil. In: TEIXEIRA, Marilane Oliveira; ANDRADE, Helio Rodrigues de; COELHO, Elaine D'Ávila (Org.). *Precarização e terceirização*: faces da mesma realidade. São Paulo: Sindicato dos Químicos-SP, 2016. p. 59-66.

PRADO, Alberto. Um olhar sobre o Mobile Report 2017: oportunidades e desafios. *Meio & Mensagem*, 6 nov. 2017. Disponível em: <http://dev.meioemensagem.com.br/home/proxxima/how-to/2017/11/06/um-olhar-sobre-o-mobile-report-2017-oportunidades-e-desafios.html>. Acesso em: 10 out. 2018.

RABELO, Agnes. Transformação digital: o que é e quais os seus impactos na sociedade. *Rock Content*, 6 jun. 2017. Disponível em: <https://marketingdeconteudo.com/transformacao-digital/>. Acesso em: 15 nov. 2018.

ROSA, José Antônio; MARÓSTICA, Eduardo. *Modelos de negócios*: organização e gestão. São Paulo: Cengage Learning, 2013.

SCHUMPETER, Joseph Alois. *Business cycles*. Nova York: McGraw-Hill, 1939. v. 1.

SHAO, Xuhui; LEXIN, Li. Data-driven multi-touch attribution models. In: APTE, Chid; GHOSH, Joydeep; SMYTH, Padhraic (Ed.). In: ACM SIGKDD INTERNATIONAL CONFERENCE ON KNOWLEDGE DISCOVERY AND DATA MINING, 17. *Proceedings*... Nova York: ACM, 2011. p. 258-264.

SIQUEIRA, F.; SANTOS, T.; ALONSO JUNIOR, N. E-commerce: as vantagens do comércio eletrônico e sua confiabilidade frente a seus clientes. *Convibra*, 2014. Disponível em: <www.convibra.com.br/upload/paper/2014/37/2014_37_10318.pdf>. Acesso em: 26 dez. 2018.

SMARTY, Ann. 3 keyword research trends to reshape your content optimization. *Content Marketing Institute*, 16 abr. 2018. Disponível em: <https://contentmarketinginstitute.com/2018/04/keyword-research-trends/>. Aceso em: 11 maio 2019.

TECHOPEDIA. SoLoMo. *Techopedia*, [s.d.]. Disponível em: <www.techopedia.com/definition/28492/solomo>. Acesso em: 4 jun. 2018.

TEICHER, Jordan. 13 stats that should thrill CMOs. *Contently*, 29 out. 2015. Disponível em: <https://contently.com/strategist/2015/10/29/13-stats-that-should-thrill-cmos/>. Acesso em: 9 jun. 2018.

TORRES, Claudio. *A bíblia do marketing digital*: tudo o que você queria saber sobre marketing e publicidade na internet e não tinha a quem perguntar. São Paulo: Novatec, 2009.

TOYOTA TRADITIONS. Overview company information. *Toyota*, 2006. Disponível em: <www.toyota-global.com/company/toyota_traditions/quality/mar_apr_2006.html>. Acesso em: 27 fev. 2019.

VAN ALSTYNE, Marshall W.; PARKER, Geoffrey G.; CHOUDARY, Sangeet Paul. Pipelines, plataformas e novas regras de estratégia. *Harvard Business Review*, 4 abr. 2016. Disponível em: <https://hbrbr.uol.com.br/pipelines-plataformas-e-novas-regras-de-estrategia/>. Acesso em: 21 jun. 2019.

VIEIRA, Henrique. Comércio eletrônico: as vantagens e desvantagens. *E-commerce Brasil*, 14 set. 2015. Disponível em: <E-commerce: vantagens e desafios da loja virtual/>. Acesso em: 15 nov. 2018.

YOUTUBE highlights problems with digital advertising. *The Economist*, 30 mar. 2017. Disponível em: <www.economist.com/business/2017/03/30/youtube-highlights-problems-with-digital-advertising>. Acesso em: 9 jun. 2018.

Glossário

Cauda longa. Termo aplicado na estatística para identificar distribuições de dados em empresas e projetos.

E-business. Palavra utilizada para identificar os negócios efetuados por meios eletrônicos.

E-commerce. Transação comercial feita especialmente por meio de um equipamento eletrônico. Também pode ser definido como comércio eletrônico.

Google Adwords. Ferramenta utilizada para criação de links patrocinados no Google.

Google Analytics. Ferramenta utilizada para monitoramento de tráfego de canais digitais, como sites, mídias sociais etc.

Haters. A tradução da palavra inglesa pode ser "os que odeiam" ou "odiadores". No ambiente digital, são aquelas pessoas que praticam *bullying* virtual.

***Key performance indicator* (KPI).** Indicador-chave de desempenho. Tem como objetivo medir desempenho de processos de empresas ou ações.

***Marketplace*.** Plataforma de diferentes lojas com espaço online onde se faz comércio eletrônico.

Métricas. Maneira de calcular resultados de ações em plataformas digitais.

***Newsletter*.** Distribuição de conteúdo em massa por e-mail com intuito de informação ou mesmo vendas.

***Omnichannel*.** Tipo de estratégia de vendas e comunicação que visa à experiência do consumidor. É utilizada entre canais de uma empresa.

***Paid search* ou SEM (*search engine marketing*).** Conjunto de técnicas de marketing na internet que tem por premissa promover um website nas páginas de resultado.

***Podcast*.** Formato de conteúdo em áudio, disponibilizado por meio de um arquivo ou *streaming*.

***Search engine optimization* (SEO).** Otimização para mecanismos de busca ou otimização de sites com base em estratégias com o objetivo de melhorar o posicionamento com palavras-chave.

***Social media*.** Conjunto de canais de comunicação digitais que ajudam na distribuição de informação, conteúdos e na comunicação como um todo.

***Social media marketing* (SMM).** Ferramenta que tem como objetivo aumentar a presença digital, além de estratégias de marketing dentro das mídias sociais a partir de conteúdo.

***Social media optimization* (SMO).** Conjunto de atividades realizadas com o objetivo de otimizar as mídias sociais.

SoLoMo. Sigla para *social*, *local* e *mobile*. É um conjunto de ferramentas direcionadas a uma nova tendência do marketing digital baseada em *check-in* e recomendações.

Apêndice A
Modelos de negócio

B2C: *business-to-customer*

B2C ou *business-to-customer* é uma modalidade que tem como objetivo direcionar vendas entre um CNPJ e um CPF que dispõem de capacidade para integrar suas operações de venda e prover serviços ágeis e personalizados de atendimento e suporte ao consumidor. Segundo o último relatório We Are Social, em 2019 cerca de 57% da população do mundo são usuários de internet. Um aumento de 366 milhões (9%) em comparação com 2018. Mais um crescimento em que 1 milhão de pessoas estão ficando online pela primeira vez todos os dias desde janeiro de 2018.

O B2C, isto é, negociação direta da empresa com o cliente, ocorre nos EUA e conduz o mundo para uma corrida desenfreada de valorização das empresas pontocom (.com) que iniciavam vendendo qualquer coisa. Os pressupostos eram simples e, aparentemente, corretos:

- milhões de pessoas tinham acesso à net, o que se demonstrou correto;
- o crescimento de acessos seria vertiginoso, o que também se demonstrou correto;

- todas estas pessoas, por comodismo ou praticidade, iriam comprar de tudo via internet, o que demonstrou não estar correto.

Este último pressuposto não levava em consideração aspectos sociais, antropológicos e econômicos e, com raras exceções, o B2C quase naufragou. De fato, ele não naufragou. Ele amadureceu, pois somente os B2C adequados é que sobreviveram. Utilizado para vender flores, pizza, joias, vende muito bem DVDs, livros, eletroeletrônicos, cosméticos, roupas, ensino a distância e alguns conteúdos especializados.

O maior exemplo de sobrevivência de B2C, por sua adequação à net e às características dos clientes, é a Amazon, que amadureceu e conquistou seu espaço no mercado consumidor, inicialmente vendendo livros novos e CDs e, agora, misturando um C2C ao B2C e crescendo para um conceito de *marketplace*, sinalizando o próprio nome, de A até Z.

Os portais B2C, em sua maioria, são intermediadores que centralizam produtos de diversos fornecedores. De forma operacional, quando um pedido é feito, um banco ou um sistema financeiro vinculado ao portal verifica o crédito pelo cartão de crédito ou outra forma eletrônica, havendo até a opção de boleto bancário via internet. Em caso de crédito positivo ou confirmação de boleto, o pedido é confirmado e enviado ao fornecedor, que entrega o produto final no local definido pelo consumidor, conforme a figura 20. Uma das grandes vantagens do comércio eletrônico é que no modelo B2C permite que a organização diminua a quantidade de intermediários, possibilitando, assim, diminuir os custos envolvidos na operação.

Figura 20
Modelo de transação eletrônica

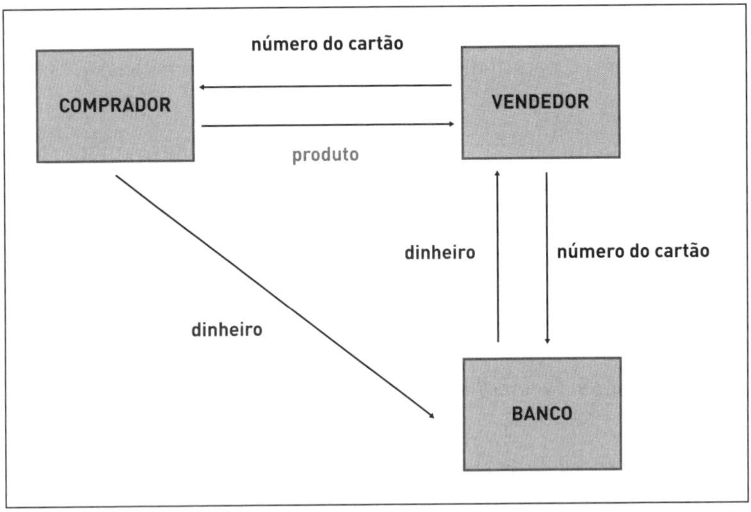

Fonte: adaptado de Batista (2006).

C2C: *consumer-to-consumer*

C2C ou *consumer-to-consumer* (consumidor para consumidor) engloba sites que fazem o intermédio das transações entre duas pessoas físicas. Um exemplo típico são os leilões online, em que qualquer pessoa interessada pode negociar um bem ou disponibilizar informações como preço inicial para os possíveis interessados, que devem dar lances iguais ou maiores que o inicial proposto para efetuar a aquisição.

Se comparada a outros meios de comunicação, a internet levou apenas cinco anos para atingir 50 milhões de pessoas, enquanto a TV a cabo levou 10 anos para atingir este mesmo público, a TV aberta levou 16 anos e o rádio levou 38 anos. Com base nessas informações, deve-se realmente dar atenção especial à internet e analisar a nova forma de comércio que surgiu com ela.

Na realidade, essa nova forma de comércio utiliza os recursos tecnológicos da informática e da comunicação disponíveis para realizar operações tradicionais de compra e venda de forma mais rápida, segura e barata do que seria possível sem a utilização desses recursos.

O C2C é um fenômeno que ocorre quase simultaneamente com o B2C. Seu maior representante mundial é o eBay, que comanda os leilões via internet e ganha na intermediação de negócios. No Brasil, o maior representante dessa categoria é o Mercado Livre.

B2B: *business-to-business*

O *business-to-business* aparece depois do B2C, mas já nasce mais adequado às características da net. O B2B espera as soluções de segurança para se consolidar. Seu grande salto ocorre com a adequação à metodologia de SCM (*supply chain management*), gestão da cadeia de suprimentos.

A grande inovação do SCM é respeitar as restrições de transporte, estocagem, produção etc. Isso permite, inicialmente, a identificação nos chamados "gargalos operacionais" e um planejamento para readequá-los à demanda.

Fica fácil perceber a grande utilidade da net para o SCM, pois ela conecta diretamente a demanda dos clientes com as necessidades da organização e com as restrições de sua operação e de seus fornecedores. O SCM se torna o grande impulsionador dos sistemas tipo ERP (*enterprise resource planning*), sistemas de planejamento de recursos da empresa que promovem o planejamento e a gestão integrada de todos os recursos do empreendimento.

Essa modalidade de negócio eletrônico, que compreende um mercado (*marketplace* ou *e-procurement*), também conhecido como portal B2B, em circuito fechado, possibilita o desenvolvimento de transações comerciais entre parceiros verticais ou transversais de uma indústria ou negócio de um ou mais mercados (Batista, 2006).

O portal tipo B2B tem como principal objetivo facilitar transações que buscam os produtos, bens ou serviços em diversos fornecedores participantes, viabilizando o financiamento da operação e providenciando a melhor logística para que a mercadoria chegue a seu destino no tempo contratado, dentro da qualidade esperada e sem avarias no seu transporte. Assim, o principal objetivo do portal é minimizar os custos para o comprador.

Um exemplo clássico dessa modalidade de negócio eletrônico seria uma organização que usa sua rede para solicitar produtos a seus fornecedores, recebendo pedidos de seus vendedores e efetuando os pagamentos necessários. As principais características desse tipo de negócio na internet são integrar todos os participantes da cadeia comercial e disponibilizar informações atualizadas sobre os produtos. A importância do B2B provém da colaboração online, da integração e da automação dos processos operacionais (Batista, 2006).

A utilização do portal B2B por uma empresa permite:

- integração com outras comunidades de negócios;
- criação de um ambiente de troca de relacionamento e informações;
- divisão dos custos do pioneirismo, buscando ratear os riscos estabelecidos pela responsabilidade de ter um portal próprio.

Já como vantagens para uma organização que utiliza um portal B2B, podemos destacar algumas, como:

- menores custos de compra e estoques;
- acesso instantâneo a grande quantidade de produtos e serviços oferecidos por uma gama enorme de fornecedores;

- flexibilidade na comparação de preços, condições de pagamento (forma), prazo de entrega e variedade de fornecedores;
- acesso imediato a informações técnicas do produto, assistência técnica etc.

Existem várias modalidades de portais B2B, como se verifica no quadro 1.

Quadro 1

Modalidade de B2B

B2B público	Vários fornecedores disponibilizam produtos para venda a outras empresas em determinado segmento de mercado.
B2B particular	Um único fornecedor vende seus produtos para seus representantes, revendedores e lojistas.
B2B compras	Solução para grandes compradores. Neste caso, os diversos fornecedores divulgam seus produtos para a empresa compradora.

Fonte: Batista (2006:105).

A evolução continuou em uma velocidade sem precedentes. Bancos, fundos de investimentos, fundos de pensões, grandes magazines, lojas de varejo e até o governo investiram bilhões de dólares em projetos baseados na web, dando origem à crença de que a organização que não estivesse representada na internet estaria fadada a desaparecer. Surgiram outros modelos de negócios de empresas totalmente fundamentados na internet, ganhando denominações específicas de acordo com sua área de atuação. A denominação dos portais passou a ser vinculada ao escopo de atuação da empresa em sua cadeia de suprimentos, podendo ser designada dentro do modelo mais amplo chamado comércio eletrônico ou, em inglês, *e-commerce*.

B2E: *business-to-employee*

Como mais recente representante da família B2, aparece o *business-to-employee* (B2E), relação entre a organização e o empregado, descoberto pelas grandes organizações. Trata-se de comércio entre empresa e empregado, quando há o estabelecimento da relação de colaboração e compartilhamento de informações entre as organizações e os próprios funcionários. Seu uso ainda é inadequado pela grande maioria delas e tem sido praticado, basicamente, para "mensagens motivacionais" ou disseminação de práticas e políticas organizacionais.

Organizações mais sérias, com uma área de recursos humanos estratégicos, têm desenvolvido portais com diversas aplicações, tais como:

- pesquisa de clima organizacional;
- avaliação 360°;
- universidades corporativas, que fazem a gestão de todo o programa de educação e treinamento alinhado às políticas, estratégias e necessidades identificadas nos mercados atual e futuro;
- disseminação e acompanhamento do plano de cargos e salários individualmente;
- disseminação de práticas de qualidade de vida pessoal e no trabalho.

B2E tende a crescer junto com B2B, pois as soluções ERP disponíveis no mercado estão rapidamente agregando suas características.

B2G: *business-to-government*

Modalidade que cobre todas as transações entre empresas e organizações governamentais. Essa categoria é muito recente, mas possui grande quantidade e expansão rápida, devido à perspectiva do governo de usar suas operações para alavancar o crescimento do comércio eletrônico. O tipo de transação se dá com o fornecedor cadastrando seus produtos e serviços no portal do governo, que abre licitações de forma eletrônica e efetua todo o processo de compra no formato eletrônico. Vale a pena ler sobre as leis nº 8.666 e nº 10.520.

Apêndice B
Diagrama de soluções digitais

Criado pela infobase interativa, o diagrama de soluções digitais ou DSD, como também é chamado, é uma ferramenta utilizada para melhorar o desempenho das campanhas desenvolvidas no ambiente digital. O formato criado otimiza a estruturação e o desenho de ações dos planejamentos desenvolvidos pelos analistas, tornando-os mais fáceis e rápidos, e interligando as ações que serão desenvolvidas ao longo do tempo.

O DSD facilita, de forma visual, a ligação entre os canais utilizados pela empresa, por ordem de prioridade, melhorando o desempenho das campanhas. Conforme ilustrado na figura 21, o DSD é composto por três elementos.

Figura 21
Elementos do DSD

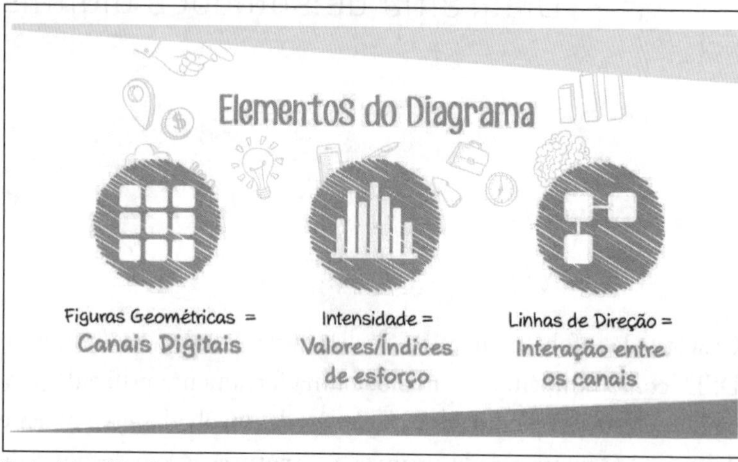

Fonte: infográfico diagrama de soluções digitais – Infobase interativa.

- *Primeiro ícone.* Figuras geométricas que representam sites ou quaisquer canais digitais a serem trabalhados.

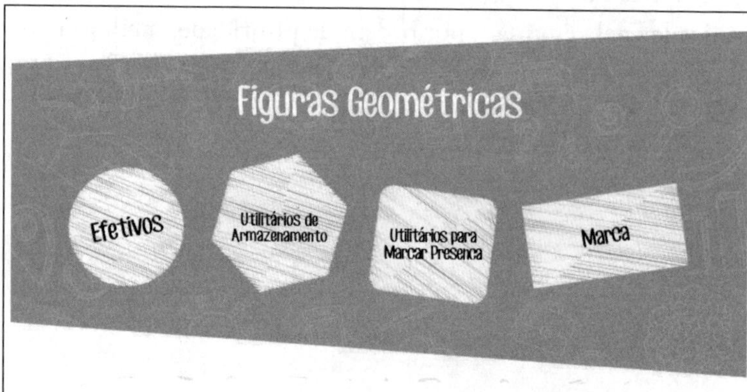

- *Segundo ícone*. Intensidade: indicadores do esforço a ser aplicado para cada canal.

- *Terceiro ícone*. Linhas que interligam essas figuras, com a finalidade de relacionar os ambientes que elas representam.

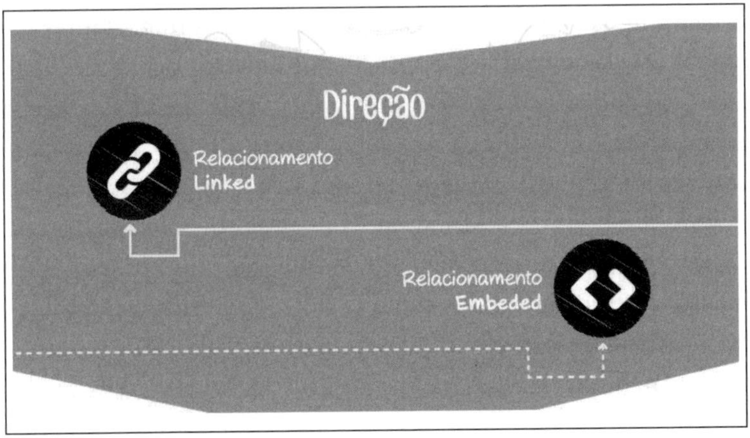

O DSD fica representado da seguinte forma:

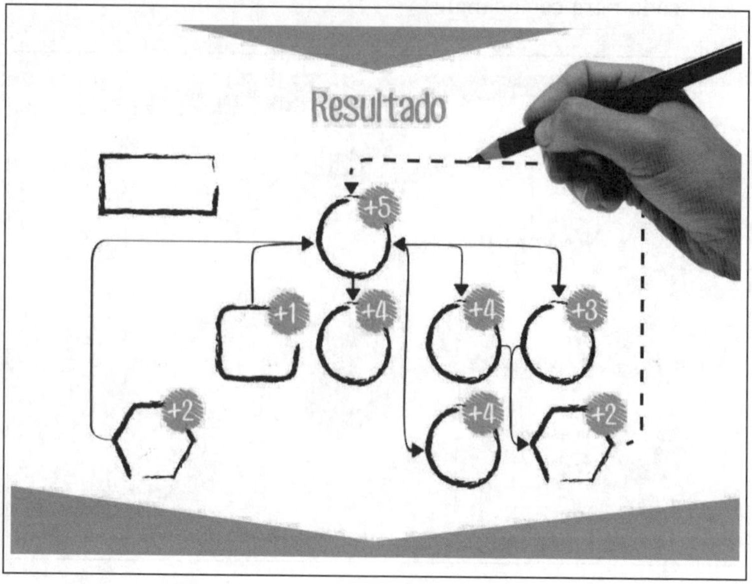

Para Miceli e Salvador (2017), o DSD pretende guiar ações digitais, ajudar a adequar essas ações planejadas à estratégia de marketing da empresa, destacar os canais mais importantes de acordo com seus objetivos, tornar visível a melhor maneira de distribuição do seu esforço, definir e estabelecer as métricas a serem acompanhadas, auxiliar na escolha de metas e tornar prático o acompanhamento dos processos envolvidos nas atividades sugeridas. Porém, é importante ressaltar que o diagrama de soluções digitais não pretende ser um instrumento de avaliação entre os setores da indústria e escolher o modo como as mensagens serão transmitidas no ambiente digital; ele é uma forma de organização e acompanhamento de planejamento para que as ações estejam interligadas.

Autores

André Miceli
Mestre em administração pelo Ibmec RJ, com MBAs em gestão de negócios e marketing pela mesma instituição. Certificado no programa Advanced Executive Certificate in Management, Innovation & Technology do Massachusetts Institute of Technology (MIT). Cursou o Programa de Negociação da Harvard Law School. É graduado em tecnologia e processamento de dados pela Pontifícia Universidade Católica do Rio de Janeiro (PUC-Rio). Coordenador do MBA e Pós-MBA em Marketing Digital da Fundação Getulio Vargas (FGV). Já ganhou mais de 20 prêmios de internet e tecnologia, incluindo o melhor aplicativo móvel desenvolvido no Brasil. Autor dos livros *Estratégia digital: vantagens competitivas na internet* e *UML aplicada: da teoria à implementação*. Colunista do *Olhar Digital*, *Jornal do Brasil* e comentarista da rádio Jovem Pan. É ainda fundador e diretor executivo da Infobase.

Eduardo Maróstica
Doutor em administração, comunicação e educação e PHD (pós-doutorado na FCU – Flórida, EUA). Possui mestrado em administração, pós-graduação e MBA em gestão estratégica de organizações, além de graduação em administração e comércio exterior. Atualmente é professor dos cursos de MBA e Pós-MBA da Funda-

ção Getulio Vargas (FGV), professor convidado da Universidade de São Caetano do Sul (USCS), programa *lato sensu*, e professor *ad hoc* na Universidade Paulista (Unip), no Instituto Brasileiro de Coaching (IBC) e na Escola Superior de Administração Strong (ESAGS), autorizada pela FGV. Membro avaliador credenciado junto ao MEC para o Conselho Estadual de Educação, conselheiro municipal do desenvolvimento econômico de Guarulhos. Foi eleito professor homenageado nos cursos de MBA da FGV nos anos de 2010 a 2018.

Este livro foi impresso nas oficinas gráficas da Editora Vozes Ltda.,
Rua Frei Luís, 100 – Petrópolis, RJ.